经管文库·管理类
前沿·学术·经典

高校体育教学创新发展研究

张琳　周雨龙　著

经济管理出版社
ECONOMY & MANAGEMENT PUBLISHING HOUSE

图书在版编目（CIP）数据

高校体育教学创新发展研究 / 张琳，周雨龙著．
北京 ：经济管理出版社，2025．7．-- ISBN 978-7-5243-0481-4

Ⅰ．G807.4

中国国家版本馆 CIP 数据核字第 2025AJ9170 号

组稿编辑：杨国强
责任编辑：杨国强
助理编辑：丁光尧
责任印制：张莉琼
责任校对：王淑卿

出版发行：经济管理出版社
（北京市海淀区北蜂窝 8 号中雅大厦 A 座 11 层 100038）
网　　址：www.E-mp.com.cn
电　　话：（010）51915602
印　　刷：唐山昊达印刷有限公司
经　　销：新华书店
开　　本：710 mm × 1000 mm/16
印　　张：13.25
字　　数：218 千字
版　　次：2025 年 9 月第 1 版　　2025 年 9 月第 1 次印刷
书　　号：ISBN 978-7-5243-0481-4
定　　价：98.00 元

联系地址：北京市海淀区北蜂窝 8 号中雅大厦 11 层
电话：（010）68022974　　邮编：100038

前言

提高学校教学质量是实施素质教育、人才强国战略的必然要求。高校体育教育是我国教育事业的重要组成部分，是提高大学生身体素质的重要途径，在推动现代教育发展与创新人才培养方面都发挥着不可替代的作用。随着我国社会的进一步发展，为了响应国家人才强国的总目标，高校教育必须进一步改革创新，这样才能实现我国人才强国和全面素质教育的目标。随着互联网和多媒体技术的发展，多媒体技术、慕课、翻转课堂、微课等新技术、新方法的应用，不仅促进了体育教育理念的创新，更倒逼了体育教学方法、体育教学内容、体育教学模式、体育教学评价等方面全方位的变革与创新。

全书共分为八章，第一章对高校体育教学基础理论进行了综述；第二章是高校体育教学思想理念，主要阐述了高校体育教学中的人文教育思想理念、休闲教育思想理念、创新教育思想理念和终身体育思想理念的主要内涵；第三章对高校体育教学主体进行了深入分析，分析了体育教学的主体教师、体育教学的主体学生以及教学中“教”与“学”的协同发展；第四章论述了高校体育教学内容的创新与发展，对高校体育教学内容的特点、发展趋势、合理设计等方面进行了论述；第五章对高校体育教学多媒体技术、微课、慕课、翻转课堂等方法的创新与发展进行了阐释分析；第六章主要论述了高校体育教育教学模式的创新与发展，就快乐体育教学、俱乐部教学、合作学习教学、运动处方教学等教学模式展开分析与阐述；第七章主要讨论高校课外体育活动管理的创新与发展，就课外体育活动概述、课外体育活动管理和课外体育活动管理的优化等方面展开论述；第八章阐述了高校体育教学评价的创新与发展，主要就高校体育教学评价概述、评价体系的构建、评价体系的改革与创新等方面进行了分析。

本书集系统性、科学性、新颖性于一体，知识性、趣味性强，理论研究科学、严谨，语言描述准确，章节划分得体，结构体系完整，能够为高校体育教育的创新与发展提供合理建议和科学指导。

本书在撰写过程中参考了一些专家、学者的研究成果和著作，在此表示衷心的感谢。由于时间仓促，加之水平有限，不足与疏漏之处在所难免，恳切希望广大读者、专家批评指正。

目录

第一章　夯实·高校体育教学基础理论

第一节　体育教育与高校体育教学阐析

体育是促进人们身心健康发展的有效手段。体育教育是我国学校教育体系的重要组成部分，对于高校大学生来说，体育教育不仅能够锻炼其身体素质，更重要的是能够培养其坚韧不拔、团结进取的精神。

一、体育教育概述

（一）体育教育概念的界定

“体育教育”一词在我国最早是从20世纪30年代开始使用的。关于体育教育的概念，不同时期的学者从不同的角度分别提出了各自的见解。包括：体育教育就是传授体育知识、体育技能、技巧的教育；体育教育是对学生进行身体教育，并指导学生增强体质，掌握体育知识、技能技术，培养思想品德的活动；体育教育是教育的核心构成部分，主要是通过知识的传递、运动技能的学习来提升学生的身体素质，以促进学生身心健康发展的一种教育活动；体育是指在人类社会的发展进程中，基于日常生产生活的需要，按照人体发育的规律，借助体育锻炼的方法，强身健体，提升运动技能和水平，娱乐生活，促进精神文明建设而开展的一种社会活动。综合以上论述，能够得知体育教育具有体育属性和教育属性双重属性，其概念可以概括为：体育教育指的是人们在社会发展的过程中，结合生产和生活的需要，进行的一种以增强人的体质、促进人的身心全面发展的有意识、有目的的身体教育。

（二）体育教育的功能阐释

1. 体育教育的基本功能

体育教育的基本功能主要体现在其促进身心健康发展功能和教育功能两个方面。

（1）促进身心健康发展功能。首先，体育教育能够促进身体健康水平的提高，经常参加体育活动能够增强人体的心肺功能，还能够促进肌肉和骨骼的健康发展，青少年能够通过体育运动增强骨骼的生长和发育，成年人通过体育运动能够保持骨骼的硬度和韧度，增加骨骼的抗压能力。其次，参加体育运动，能够调节人的心理状态，促进人的心理健康发展。快节奏的生活、心理压力的增大，使人们容易出现焦虑、抑郁等各种各样的心理问题。体育运动能够调节人们的不良情绪，使人的身心保持愉悦轻松的状态，从而促进心理健康发展。

（2）教育功能。体育教育的教育功能主要体现在其促进人的社会化和对体育文化的传递方面。首先，人具有自然性和社会性。人出生伊始只有自然属性，后来在社会教育、家庭教育和学校教育的共同作用下，才逐渐完成了个人的社会化过程。体育教育在人的社会化发展中起着不可忽视的作用，因为体育运动中的种种规则和要求、强调公平公正的体育精神等，都能够延伸到社会生活之中，这些规范、要求和精神能够帮助人们适应其在社会中的角色，促进人的社会化的发展。其次，体育教育承载着传递体育文化的功能。通过体育教育，人们能够学习体育的相关知识，意识到身体健康的价值，进一步认识和了解体育规则和体育文化。

2. 体育教育的延伸功能

体育教育除了具有促进身心健康发展功能和教育功能的基本功能外，还具有一定的延伸功能。

（1）创造经济效益功能。一方面，体育运动的开展，能够促进人们的身心健康，进而创造社会价值和经济效益。另一方面，通过体育教育能够培养出一批批竞技运动员，竞技运动员同样可以产生经济效益。

（2）娱乐性功能。体育运动本身包含一定的娱乐元素，人们通过参加体育运动，能够使紧张的情绪得到缓解，起到调节放松的作用。特别是学校体育中针对低年级儿童的一些体育运动，以包含娱乐成分的体育游戏为主。

二、高校体育教学概述

高校体育教学是体育教育的主要体现，其目的在于培养身心健康与具有创新精神的德智体全面发展的合格人才。

（一）高校体育教学的结构要素

构成和影响体育教学活动的各个要素及其相互间的关系，即体育教学的构成。体育教学的构成要素包括教师、学生、教材以及教法等一系列的基本要素。①概括而言，高校体育教学的结构要素主要由参与者要素、施加要素和媒介要素三个方面构成，如图 1–1 所示。

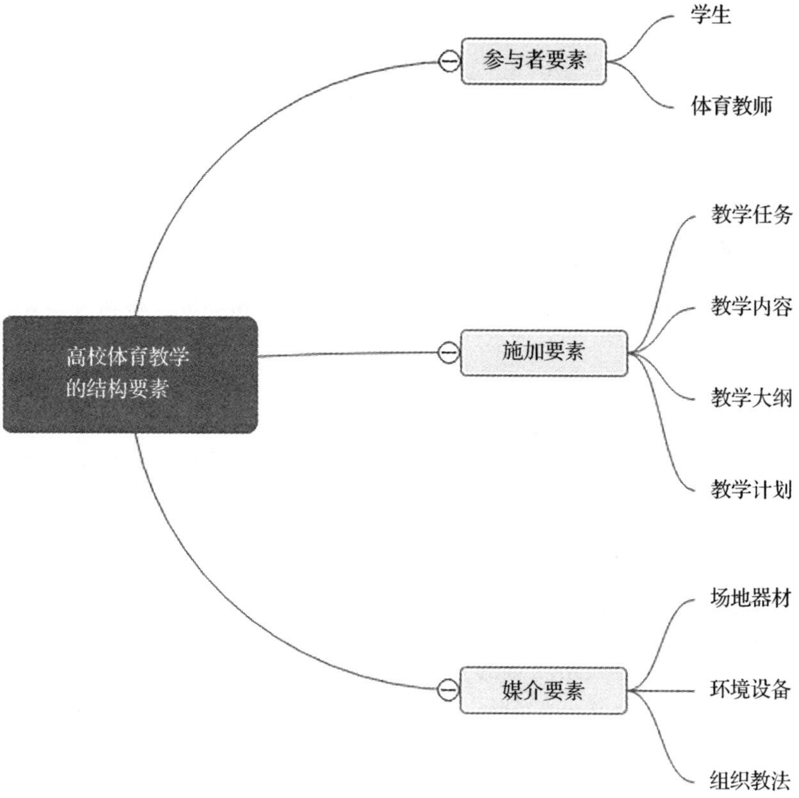

图 1–1　高校体育教学的结构要素

① 孔凌鹤，马腾 . 现代体育教学的多维分析与创新研究 [M]. 北京：中国商务出版社，2016.

1. 参与者要素

在高校体育教学中，参与者要素主要是指高校体育教师以及高校体育教学中的学生。体育教师作为体育教学中的外部主导因素，其主要职能是计划、组织、传授、管理、监督和调控等。教师的业务水平和组织能力等综合素质直接影响和决定着体育教学的质量。学生作为体育教学中的施教对象，具有主体性地位。对于体育教师传授的体育知识和体育技能，学生要充分发挥主观能动性，灵活机动地把握和接受，这样才能取得良好的学习效果，学生在体育教学过程中主观能动性的发挥对教学质量也有决定性影响。学生作为一个群体，既有共性化的特点，个体之间也存在一定差异性，体育教师在教学过程中要结合学生的共性化和个性化特点，因材施教，充分调动学生的积极性和主动性，充分发挥教师的职能和职责。

2. 施加要素

在体育教学过程中，教学任务、教学内容、教学大纲、教学计划等要素体现了社会对学生的要求，起到规定性的作用，为体育教学的开展提供了重要的依据和支持。这些要素有效连接起教学过程中的教和学两个方面，都属于外部视角因素的范畴。体育教学内容与体育教学任务在教学过程中体现出显性和隐性两个方面的价值，要正确处理好这两种价值之间的关系，促进学生的身心同步、协调发展。

3. 媒介要素

体育教学是对信息进行传递的过程，这一过程需要在一定的时空条件下有序进行。此外，要实现体育教学过程中各种信息的有效传递，需要具备场地器材、环境设备、组织教法等重要媒介，这些媒介具有针对性、可控性、安全性、实用性以及抗干扰性等特点，是实现信息传递的必备条件。高质量、现代化的媒介条件是体育教学质量的重要保障，场地器材和环境设备能够为体育教学提供基本的物质条件，组织教法将教材、物质媒介和学生串联起来，对教学起到重要的调控作用。

需要强调的是，在实际教学过程中三大要素之间的关系呈现出不断变化、动态结合的态势，特别是参与者要素中的教师所起到的主导作用，在体育教学中尤为重要。体育教师应该熟练掌握教学中的各种艺术，充分调动学生的积极性和主动性，调控好教学中的各要素，达到顺利完成教学任务和提高教学质量的目的。

（二）高校体育教学的过程要素

教学过程是一个复杂的、有机的、综合的运行过程，是教学系统的各个部分实现目标的途径和过程。高校体育教学的过程主要包括体育教学目标、体育教学内容、体育教学方法和体育教学评价四个方面，如图 1–2 所示。

图 1–2　高校体育教学的过程

1. 体育教学目标

体育教学目标指的是通过体育教学所要达到的目的和结果。体育教学目标是体育教学的指导思想，是体育教师组织和开展体育教学活动的指南，也是进行教学质量评价的重要依据。

高校体育教学目标要以锻炼身体为宗旨，兼顾人文本位、教育本位和人体本位“三位一体”的综合形态，遵循体育和教育的发展规律，符合体育的特质和内在价值规律，能够对大学生产生价值和教育方面的影响。

2. 体育教学内容

体育教学内容与其他学科的教学内容之间有着很大的区别，其具有复杂性和实践性。我国体育教育兴起的时间相对来说较晚，因此，高校体育教学内容还处于不断发展和完善的阶段。高校体育教学内容一般包括体操和兵式体操、游戏和竞技性体育运动、武术和武道、舞蹈与韵律性运动等几个方面。

3. 体育教学方法

体育教学方法是完成体育教学任务的途径和方式。体育教学方法的选择和运用在体育教学过程中具有非常重要的作用，直接关系到教学质量的好坏和教学任务的完成情况。高校体育教学的复杂性决定了体育教学方法的多元化发展特点。高校体育教学方法包括在教学过程中教师教的方法和学生学的方法，目的在于实现体育教学的任务和目标。体育教学方法也有其特殊性，有许多教学方法是体育教学中所独有的，如完整法和分解法、游戏法和比赛法等。

4. 体育教学评价

体育教学评价指的是依据体育教学目标制定相应的标准，运用有效的评价技术手段测定、衡量、分析、比较体育教学活动的过程及其结果，并进行相应价值判断的过程。体育教学评价的主要目的是提高教学质量和促进学生的全面发展。体育教学评价作为体育教学的重要因素，在重视教师在教学评价中主体作用的同时，应该充分调动广大学生的积极性参与到高校体育教学评价中来，促进高校体育教学向合理方向发展。

（三）高校体育教学主要原理阐释

高校体育教学内容是以运动项目为主体开展的，因此在设计体育教学内容时，运动项目教学原理中要融入运动兴趣和情感体验，教学原理不仅能够解释运动技能学习中个体的本能生物价值观与社会文化价值观的相互融合，而且还能够科学解释体育学习活动中学习者的不懈追求。高校体育教学原理如图 1–3 所示。

1. 兴趣爱好—情感体验—习惯形成—终身教育观念链式循环原理

兴趣是个体以特定的事物、活动及人为对象，所产生的积极的和带有倾向性、选择性的态度和情绪。[①] 在智力心理学中，兴趣被认为是对智力活动有着重要影响的非智力因素，兴趣的产生是因为获得某一方面的知识或参与某种活动能够使人体验到情绪上的满足和愉悦。具体到高校体育教学中，学生通过参加体育活动，培养对体育的兴趣和爱好，身体在体育运动中获得积极、良好的

① 余崇光 . 培养体育兴趣　提高参加体育活动的积极性 [J]. 课堂内外（教师版），2013（9）：51–52.

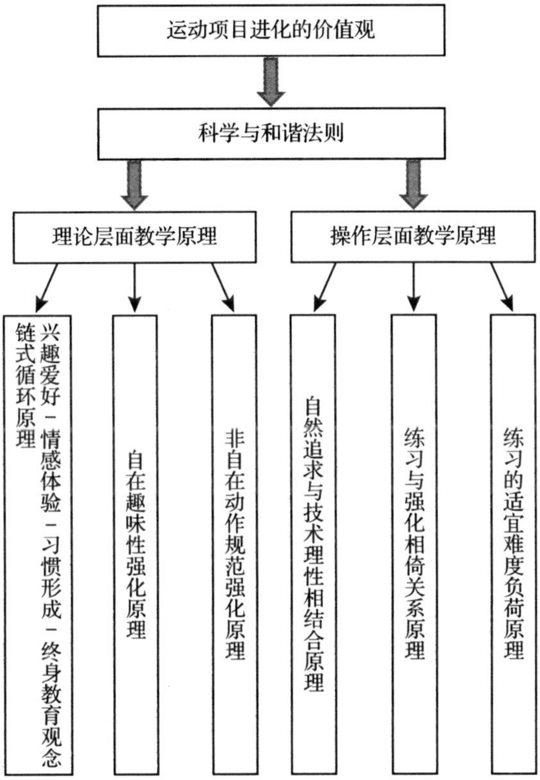

图 1-3　高校体育教学原理

情感体验，这种积极愉悦的情感体验反过来又促进身体练习行为的不断强化，从而形成良好的习惯。在良好习惯的影响下，随着对体育理论知识的学习和技能的掌握，学生对体育运动的认知进一步加强和升华，最终形成终身教育的体育观念。这一过程体现的是从兴趣、情感、习惯到观念的链式循环运行原理。在高校体育教学中，要重视兴趣爱好等非智力因素对体育教学所产生的影响，注重学生的主观感受，遵循兴趣爱好—情感体验—习惯形成—终身教育观念链式循环原理，达成体育学习目标。

2. 自在趣味性强化原理

自在趣味性强化原理属于理论层面的教学原理，其在体育教学中的合理运用能够增加学生对体育运动的练习兴趣和积极的情感体验，从而达到提高教学效益，优化体育实践课效果的目的。这里所谓的“自在”指的是在体育运动项目的练习中产生的让练习者感到兴奋和为其带来快感的事件。这些事件不是依赖于体育教师、学生的主观意志而存在的，而是体育项目所固有的竞技方式和竞技结果的一种必然反映。在高校体育教学中，要充分调动学生参与体育运动的兴趣和动机，培养他们的积极性与主动性，尊重学生的个性化发展，合理运用自在趣味性强化原理来完成不同阶段的体育教学任务，有效完成教学计划。

3. 非自在动作规范强化原理

与自在趣味性强化作用相对应的是非自在动作规范强化作用，在高校体育教学中，这一原理同样不容忽视。非自在动作规范强化原理一般是由体育教师或教练员按照运动文化规范人为设置的。非自在动作规范强化原理与体育教学中的文化价值观之间存在着密切联系，也就是说，在体育技能教学中，老师所要求的是在大量体育实践中被证明的正确要领和方法，是人类体育实践活动中总结出来的知识经验。学生在参与体育活动的过程中，要学习那些与社会文化价值观相符的运动技术方法，这样加以训练才能取得理想的成效。

4. 自然追求与技术理性相结合原理

在高校体育教学过程中，单独一种原理的运用效果远远不如两种以上原理综合运用的效果。特别是自在趣味性强化原理与非自在动作规范强化原理两者的整合运用，在实践教学中能更大程度地发挥两者的作用。这两者的整合强调的就是自然追求与技术理性之间的有机结合，是高校体育教学过程中体育教师和教练员所必须遵循的重要原理。自在趣味性强化原理强调的是学生的学习主动性和学习兴趣，而非自在动作规范强化原理强调的是技术的规范性和指导性，两者有机结合起来，才能达到高校体育教学的最佳效果。

5. 练习与强化相倚关系原理

依据练习与强化之间的关系，在高校体育教学中，对于学生主观进行的符合规范动作要求的练习行为，应该给予相应的强化，另外，相对于按照老师要求进行，学生主观操作的成功率更高。按照这一原理，在高校体育运动练习中要合理运用两种强化作用，强调按照教师要求练习之后的成功经验和肯定性强化，以及偏离老师要求之后的失败经验和否定性强化，这样相倚关系原理的运用才能使教学达到满意的效果。

6. 练习的适宜难度负荷原理

在高校体育教学中，体育项目的练习除了要考虑练习的组织形式外，还应该注意合理安排练习的难度负荷。对于学生和练习者来说，适宜的运动负荷是体育运动取得效果的必要条件之一。通常运动技能难度负荷包括神经生理负荷和认知心理负荷两个方面的内容，在高校体育教学中，通过对练习的适宜难度负荷原理的把握，能够更有效地提高教学效果。

第二节　高校体育教学的原则与特点

高校体育教学必须遵循一定的原则，这些教学原则是体育教学过程中教师和学生开展体育活动的基本依据和指导思想，教学原则的正确理解和贯彻执行对体育教学效果的提高具有重要意义。同时，高校体育教学呈现出与其他学科教学不同的特点，在具体教学过程中，只有准确把握这些特点，才能有效达成教学目标和教学任务。

一、高校体育教学的原则

高校体育教学原则反映了高校体育教学中的客观规律，体育教学原则的正确执行，有利于明确教学目的、合理安排教学内容、有效提升教学效果。高校体育教学过程中需要把握以下几个原则，如图 1–4 所示。

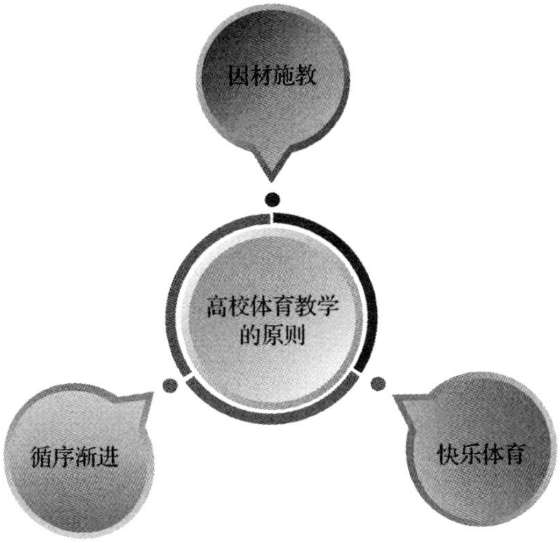

图 1–4　高校体育教学原则

（一）因材施教

因材施教指的是在高校体育教学过程中体育教师根据学生的个体差异，有针对性地安排教学内容和组织教法的教学原则。在具体教学过程中因材施教原则的贯彻，需要教师具有高度的责任感，充分了解每一个学生的性格特点和身体素质情况，针对不同学生的情况安排不同的课外锻炼内容和练习手段。对于基础一般的学生，可以布置一些基础性的训练，以逐步提高其身体机能和身体素质为目的；针对身体素质比较好的学生，要满足他们对新知识、新动作的求知欲，在课外活动中给予相应的指导。

（二）循序渐进

循序渐进指的是在高校体育教学中体育教师要结合学生认知活动的特点以及动作技能的规律，合理地安排教学进度和教学内容，以便使学生能够系统地学习和掌握体育运动的相关知识和动作技能。尤其在体育训练过程中，要制订相应的教学计划，逐步增加运动的强度和难度，保证体育训练的安全性和科学性，不能操之过急。

（三）快乐体育

快乐体育指的是在高校体育教学中在强调对身体锻炼和运动技能掌握的同时，注重培养学生对体育运动的喜爱，让他们充分体验到体育运动的乐趣，进而养成良好的运动习惯。在体育教学设计中，体育教师所选择的教材、采用的教学方法和组织教学的形式，必须能够充分激发学生的学习兴趣，使学生在体育运动中能够获得快乐感和成就感，从而激发学生学习体育课程的热情。

二、高校体育教学的特点

高校体育教学具有与其他学科教学不同的本质和规律性的特点，加深对体育教学特点的理解，有助于教学的有效开展和教学质量的提高。高校体育教学的特点主要表现在以下几个方面，如图 1–5 所示。

（一）形象性

高校体育教学具有形象性的特点，其鲜明的形象性贯穿于体育课程教学的各个环节。在高校体育理论课教学环节，体育教师对知识和技能的讲解需要重点突出语言行动形象，这样才能加深学生对知识和技能的了解和把握。在动作

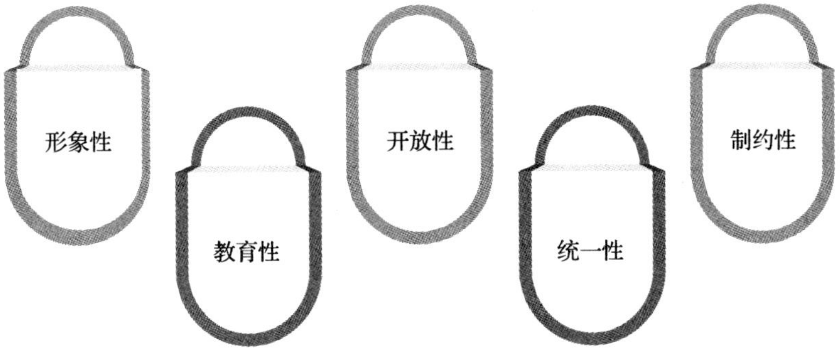

图 1-5　高校体育教学的特点

示范环节，体育教师的动作要求规范标准、形象到位，能为学生的动作学习提供指导和示范作用，学生通过体育教师的示范动作及讲解能够从感官上直接感知正确的动作运动的表象和特征。

此外，高校体育教学的形象性特点还体现在体育教学的组织与管理过程中。体育运动过程本身带有直观性和形象性，因此在体育教学过程中，体育教师可以通过观察学生的显性动作行为，来指正学生的错误，给学生以正确的指导。同时，体育教师在教学过程中通过与学生更多的正面接触，以及对教学过程的把控，能够创造出轻松的学习氛围，在无形之中对学生的身心产生影响。

（二）教育性

高校体育教学作为教育的重要组成部分，其教育性特点主要表现在对学生体质的改善和综合素质的提高方面。体育教学活动不仅能够锻炼学生的身体素质，使其体魄得到改善和强健。同时，体育教学还能够培养学生吃苦耐劳、勇于拼搏的精神。体育活动的群体特征还能够促进学生的人际交往能力的提高，培养其团队精神和集体荣誉感。体育教师在教学过程中要准确把握其教育性特点，在坚持育人的基础上，充分调动学生的积极性和主动性，全面促进学生综合素质的发展和提高。

（三）开放性

高校体育教学的形式多以室外进行的体育实践课程为主，并且与其他学科开展教学活动的场地不同，其他学科的教学活动多在教室、实验室等相对封闭的空间内进行，而体育教学多在运动场、篮球场、足球场等空间进行，教学空间具有开放性、变化性的特点。体育教学的开放性决定了其教学过程的方式和要求的特殊性，首先，体育教师要做好学生的安全教育工作，避免其在运动中受到伤害；其次，开放的教学场地受天气、噪声等外在环境的影响比较大，体育教师在组织体育教学的过程中要做好教学的组织管理工作，统筹设计和安排教学的形式和方法。

（四）统一性

高校体育教学具有促进身心健康、身心和谐统一的特点。身体健康与心理健康之间是相互影响、相互促进的，二者之间具有密切的关系。高校体育教学的根本目的在于促进学生身心的全面发展，在重视学生身体素质发展的同时，更进一步强调学生综合素质的发展和提高，这是其他学科教学所不具备的，是体育教学的独特之处。通过体育教学，学生的身体与心理能够得到共同的发展，表现出统一性的特点，通过参加体育运动，身体健康得到改善和提高，人也会变得开朗、乐观，从而促进心理健康的提高，反过来，心理健康对身体健康的影响也是十分明显的。体育教师在教学过程中要针对学生不同阶段的身心特点选择有针对性的教学方法，激发学生对体育教学的兴趣，促进学生身心和谐、统一发展。

（五）制约性

高校体育教学内容涉及生理、心理、健康、健身方法、技术动作等多个方面，运动项目包括篮球、乒乓球、网球、健美操等，因此在实际教学过程中，高校体育教学受到客观因素的制约也比较多。首先，体育教学活动大多在户外开展，会受到大风、雨雪等天气因素，空气污染、噪声等外部环境的影响。其次，在体育教学中学生作为教学主体，会受到许多因素的制约。例如，男同学和女同学在运动能力、身体机能等方面存在明显差异，体育教师在进行教学设计的时候要对这些制约因素充分考虑，以免影响教学效果和教学目标。

第三节　高校体育教学的主要功能

高校体育教学不仅要教授给学生有关体育的理论知识和运动技术技能，达到强身健体的目的，更重要的是培养他们顽强拼搏、积极进取的精神，以及爱国主义精神和集体主义观念等，在增强体质的同时使身心协调发展，提高其综合素质。具体来说，高校体育教学的功能主要表现在以下几个方面，如图 1–6 所示。

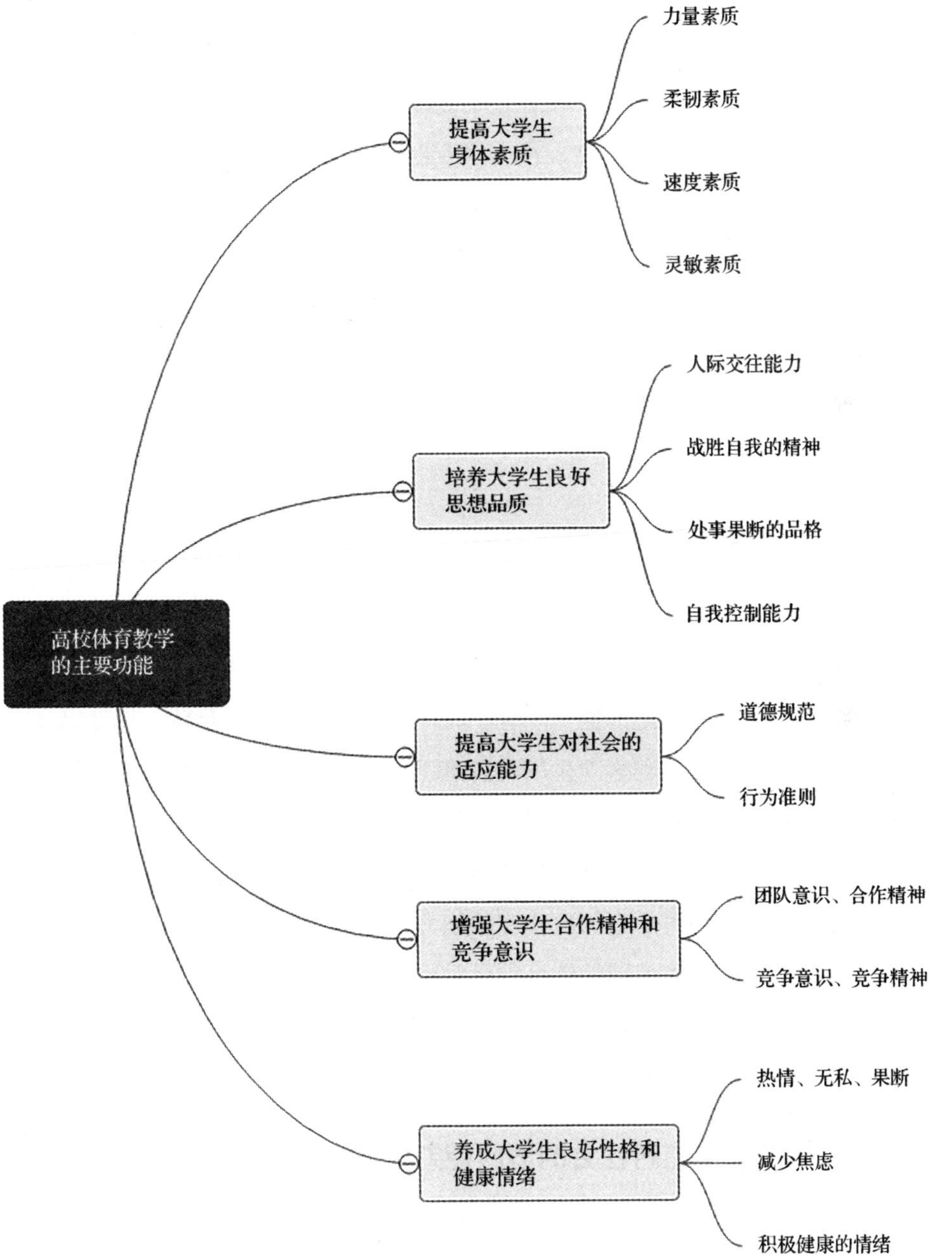

图 1–6　高校体育教学的功能

一、提高大学生身体素质

身体素质是体现人体体质水平的标志，是人体的各种器官在运动中表现出来的力量素质、柔韧素质、速度素质、灵敏素质等。[①] 高校体育教学中学生通过体育运动能够学习跑、跳、投等基本技能，提高人体的生理技能，使身体素质得到进一步提高，为将来步入社会打下良好的基础。大学生身体素质的提高一方面为他们身心的健康发展奠定了基础，另一方面从社会发展角度来说，促进了全民身体素质的提高，减轻了医疗负担。体育教学贯穿了我国教育体系的全过程，从幼儿园到小学、中学，再到大学，国家也一再强调身体健康、增强体质的重要性。高校体育教学作为体育教育的重要环节，担负着为国家培养合格人才的重任，对促进大学生身体素质的提高，实现体育教学强身健体的功能具有本质意义。

二、培养大学生良好思想品质

体育教育不仅能够培养大学生的体育能力还能提高其身体素质，更重要的是能够培养他们的思想道德品质，塑造其人格。不同的体育项目有不同的特点，对学生思想品质塑造的侧重点也不相同。例如，篮球、足球、排球以及接力赛等集体项目能够培养大学生的团队意识，提高其人际交往能力；散打、跑步等体育项目能够培养大学生的毅力和战胜自我的精神；羽毛球、乒乓球、跳高等体育项目能够锻炼大学生的应变能力，培养处事果断的品格；慢跑、下棋等体育项目能够增强大学生的自我控制能力，培养其耐心和毅力，等等。

此外，体育教育中不同的体育项目对行为动作都有不同的标准和要求，这些标准和要求为大学生良好行为习惯的养成提供了有利条件。大学生良好行为规范的养成对其学习、生活、社会交往等都具有重要意义。

三、提高大学生对社会的适应能力

在竞争日趋激烈的社会环境下，大学生对环境的适应能力应该是全面发展

① 富强 . 体育教学的创新有利于促进学生身心全面发展 [J]. 科学中国人，2015（3）：156.

的，在步入社会之后能够融入周围环境并保持关系融洽是非常关键的。高校体育教学活动中，学生之间的交往具有频繁性和特殊性的特点，在交流体育知识和体育技能的同时，也在对各种体育文化和体育规则进行传播。体育规则也对学生体育活动中的行为规范作出了种种规定，倘若不遵守规则，就可能受到惩罚，因此，高校体育教学有利于培养大学生良好的体育道德规范，进而培养其未来走向社会以后对道德规范和行为准则的适应能力。

四、增强大学生合作精神和竞争意识

在高校体育教学中，许多体育项目具有集体性、团体性的特点，需要大学生在运动中齐心协力、相互配合，充分发挥每个学生的优势，才能取得良好的成绩。体育运动的内核指的就是这种团结协作、共同拼搏的体育精神，这种精神使大学生能够从狭小的个人自我空间中走出来，融入到团队中，加强团体成员之间的合作，建立和谐的体育文化氛围。体育运动的竞技性特点要求学生必须正确对待得失荣辱，学会与朋友分享胜利的喜悦，学会与伙伴共同承受失败的考验。[①] 随着我国社会经济的快速发展，社会分工协作使人们逐渐认识到合作的重要性和团体的力量。具体到每个大学生，其学习、生活和工作中的各项活动都离不开团队协作，只有在集体生活中不断汲取别人的长处，才能不断完善丰富自我，团队意识和合作精神的培养对大学生未来的生活与工作同样具有非常重要的意义。

此外，现代社会竞争激烈，竞争无处不在，这与运动场上的比赛是十分相似的。高校体育教学应该充分利用体育竞赛的相关规则，强化大学生公平公正的竞争意识。大学生通过参加体育竞技运动，竞争意识得到进一步强化和培养，竞争能力得到进一步增强，有利于他们未来成为生活和社会中的强者。

五、养成大学生良好性格和健康情绪

高校体育教学能够塑造大学生良好的性格，通过参加体育活动，许多学生性格中的冷漠、自私、犹豫等性格缺点会转变为热情、无私、果断等性格优

① 胡进．体育在促进学生全面发展中的重要作用 [J]. 教育理论与实践，2015，35（17）：59–60.

点，形成良好的性格。此外，通过体育教学中教学活动的开展，学生能够将学习、生活中的不良情绪宣泄出来，同时，体育活动能够激发其奋斗拼搏精神，将消极情绪转化为富有体育精神的积极情绪。科学研究表明，体育运动不仅能够使人的身体机能产生变化，而且还能使大脑分泌出“内啡肽”，这种物质可以让人心情愉快，减少焦虑、抑郁等消极情绪，由此使心态变得健康轻松，也为他们以更加积极健康的情绪参加社会活动提供了良好的条件。

第四节　现代教育理念下高校体育教学的发展趋势

毋庸讳言，我国当前高校体育教学还存在着不少问题，随着教育理念的转变，我国高校体育教学也在不断发展创新。特别是国家提出的《“健康中国2030”规划纲要》，为高校体育教学发展提供了新的思路和要求，为适应不断发展的国家、社会和个人的要求，不少高校从体育教学模式、体育教学方法、体育教学评价等方面进行了改革和创新。综合来看，我国高校体育教学主要表现出以下几个方面的发展趋势，如图 1–7 所示。

一、健康教育与体育教育的结合

健康不仅仅包括身体的健康，还包括心理健康、道德健康和良好的社会适应力。生理健康和心理健康之间是相互联系、相互影响的关系。尤其是现代社会，随着生活节奏的加快，人们在生活中面对的压力也逐渐增大，许多人处于亚健康的状态，出现了身体上的不适和心理上的压抑，所以，健康意识和健康教育在健康问题趋于突出的今天是非常必要的。

而对于体育教育来说，它的根本目标就是培养学生良好的行为习惯，促进其身心健康发展，体育教育和健康教育的根本目的是一致的，两者的结合是社会发展的需要。健康教育与体育教育的结合蕴含着丰富的育人价值，具有生动的内容和形式，是促进人的健康和全面发展的有效途径，是现代社会发展的必然要求。健康教育和体育教育的结合，丰富了体育教育的内容，不但有利于学生身体素质的提高，更有利于学生对掌握丰富的健康知识与健康的生活习惯和行为的养成。

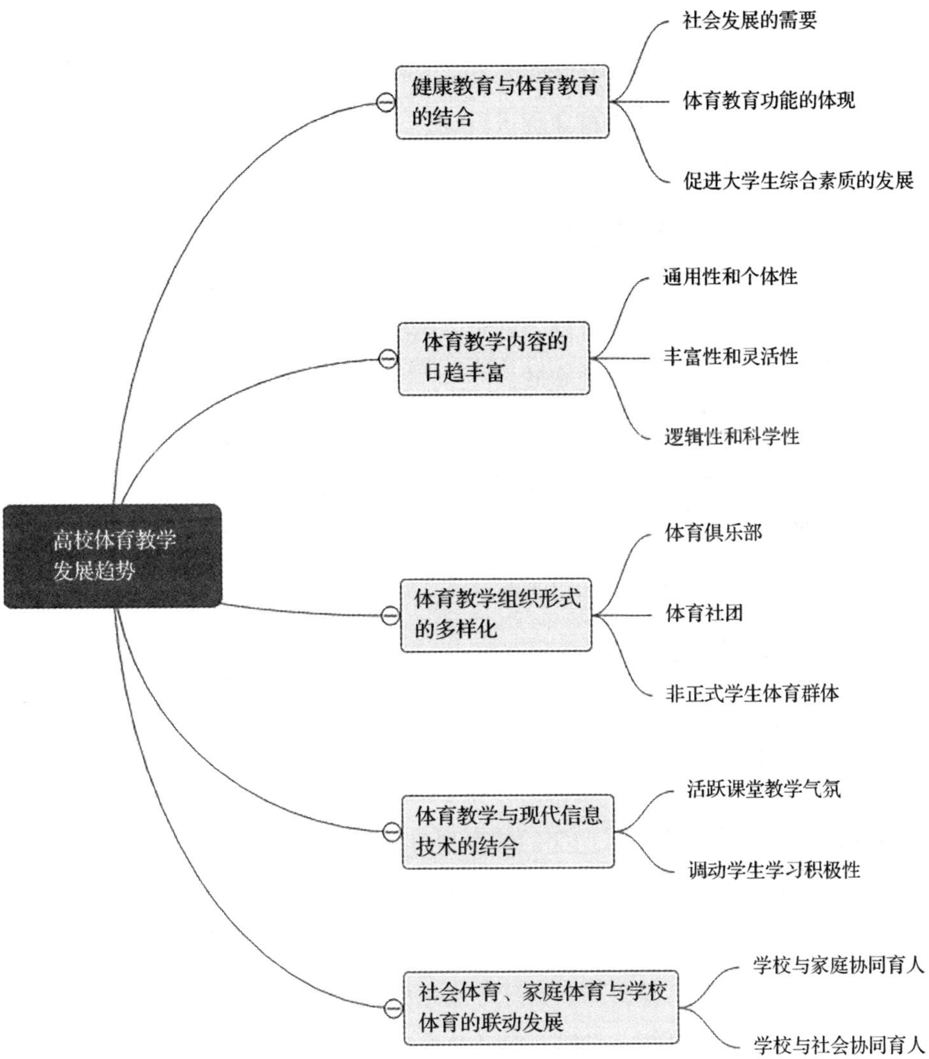

图 1–7　高校体育教学发展趋势

健康教育与体育教育的结合是体育教育功能的体现，也是国家所大力提倡的。2016 年 10 月，中共中央、国务院印发的《“健康中国 2030”规划纲要》，肯定了全民科学健身在健康促进、慢性病预防和康复等方面的积极作用，明确了体育在健康中国战略实施过程中所应承担的任务。2019 年 7 月，在全国推进健康中国行动电视电话会议上，李克强批示指出，要坚持以习近平新时代中国特色社会主义思想为指导，以进一步落实大卫生、大健康理念和预防为主方针，加强政策统筹和部门协同，推动健康中国行动不断取得新成效。《健康中国行动（2019—2030年）》中也将疾病防治和健康促进列入专项行动计划，其中，全民健身行动、中小学健康促进行动、老年健康促进行动等更是强调了体育在促进健康中的积极作用。2020年4月，中央全面深化改革委员会第十三次会议审议通过《关于深化体教融合　促进青少年健康发展的意见》，提出要加强学校体育工作，深化具有中国特色体教融合发展，推动青少年文化学习和体育锻炼协调发展。通过体育助力健康中国战略的实施，既体现了体育功能价值，也彰显了体育回归生活的本质。

高校体育教学作为体育教育的重要形式，需要将健康理念和健康教育融入其中，突出体育教育中健康教育的重要性，丰富体育教育的内涵，通过有效策略促进健康教育的发展，使大学生掌握丰富的健康知识，形成良好的健康观念、生活观念和价值观念，进一步提升学生的健康水平和社会适应能力，促进大学生综合素质的发展。

二、体育教学内容的日趋丰富

随着时代的不断发展，高校体育教学的内容也呈现出多元化发展的趋势，许多具有健身、健美和娱乐功能的体育项目不断被引入到高校体育教学之中。例如，跆拳道、攀岩、体育舞蹈等一些体现时代特征的现代体育项目走进高校体育教学的课堂；健身操、越野跑、山地自行车等健身类体育项目越来越受到大学生的重视和欢迎；保龄球、台球等娱乐性比较强的休闲体育项目在不少高校的体育教学中也有涉猎；摔跤、跳竹竿等民族传统体育项目也逐渐被开发和利用到高校体育教学之中。日趋丰富的体育教学内容能够满足学生个性化的学习需求，学生可以根据自己的兴趣和喜好进行选择，进而培养学生对体育运动的兴趣和习惯，为大学生的终身体育意识提供了有力支持。综合来说，高校体育教学内容的发展呈现出以下特点：

（一）通用性和个体性

高校体育教学内容发展的通用性体现在其体育教学内容的规范、统一，能够满足不同类型学生主体的总体需求，体现了普遍化和范式化的教学特点。高校体育教学内容发展的个体性主要体现在教学内容的安排方面，除了通用性项目外，还有具有鲜明特色的体育项目，这些体育项目能够满足学生的个体化需求，激发学生对体育运动的积极主动性。

（二）丰富性和灵活性

高校体育教学的丰富性体现在体育教学中学生不再是使用统一的学习内容，而是有了更大的选择空间，学生可以根据自己的兴趣爱好选择自己喜欢的体育项目进行学习。高校体育教学的灵活性主要体现在高校体育教学过程中以学生为主的理念日益突出，打破了传统的教学模式，对体育技术的规格进行适当调整、对动作结构进行灵活改进等，使学生在体育教学过程中拥有了更多的自主权。

（三）逻辑性和科学性

高校体育教学的逻辑性主要体现在教授体育技能的时候，以符合学生身心发展为原则，遵循了体育教学的发展规律和逻辑特点。高校体育教学的科学性主要体现在课程教学内容安排的合理性上，在不同阶段的体育课程设计中，突出了相应的侧重点，体现了科学性的特点。

三、体育教学组织形式的多样化

高校体育教学传统组织形式多是以班为单位开展教学，随着时代的发展，高校体育教学组织形式逐渐呈现出多样化的特点。主要体现在以下几个方面：

（一）体育俱乐部组织形式的发展

高校体育俱乐部组织形式增强了社会体育与高校体育之间的交流，为高校体育教学注入了生机和活力，促进了高校体育与社会体育之间的资源共享和协调发展。在体育俱乐部组织形式下，体育教师由主导课堂教学活动转变为辅导学生进行练习，这种组织形式更有利于学生主体地位的发挥，逐渐培养学生自主学习的能力和自觉锻炼的习惯。高校体育俱乐部需要在满足大学生需求的基础上，促进大学生体育向生活化、社会化和终身化发展，为高校体育教学的发展和大学生自我价值的实现提供良好的环境和条件。

（二）体育社团的发展

体育社团作为高校体育教学的组织形式，具有扩大学校体育人口、发挥学生体育特长和营造高校体育文化氛围的作用。高校体育社团的活动形式丰富多彩，演出、比赛活动频繁，能够激发大学生参加体育活动的热情，进而提高学生体育锻炼的效果。高校体育社团的发展还能够带动大学生参与一些新兴项目和特长项目，从而使自己的体育技能进一步丰富，发展为一技之长。另外，高校体育社团组织开展的比赛、表演、宣传等活动，对高校体育氛围的营造起到了重要的促进作用，对高校体育育人功能的发挥、大学生体质的增强和校园文化活动的丰富起到了良好的助推作用。

（三）非正式学生体育群体的活跃

高校非正式学生体育群体是学生在共同体育爱好的基础上建立和发展起来的，一般以大家约定俗成的习惯和浓厚的感情来维系。高校非正式学生体育群体的活动方式多通过直接的面对面的互动来开展，并且在长期的活动中形成了相对固定的角色分工。随着非正式学生体育群体活跃程度的提高，高校应该合理引导其健康发展，以便为高校体育教学活动注入新的活力，进一步丰富体育教学形式和课外体育活动内容。

四、体育教学与现代信息技术的结合

随着科技的发展，现代信息技术被广泛应用于各个领域。当前，高校体育教育中现代信息技术的应用范围逐渐扩大，体育教学与现代信息技术的结合成为高校体育教育发展的趋势。现代信息技术能够将体育教学内容以图片、视频等更直观、形象的形式展现在学生面前，不仅活跃了课堂的教学气氛，而且有利于调动学生对体育学习的兴趣和积极性。高校体育教师应该充分掌握现代信息技术，将现代信息技术广泛应用于高校体育教学之中，赋予体育教学课程以新的内涵和时代特征，要让学生全方位领略最新的科技成果和现代化手段，使体育教学具有形象性、直观性、趣味性和欣赏性，促进高校校园体育文化的发展。

五、社会体育、家庭体育与学校体育的联动发展

在终身体育思想理念下，高校体育教学充分拓展了体育课堂的时间和空间，整合了社会体育、家庭体育的资源，促进了学校体育、社会体育和家庭体育的联动发展。在高校体育教学的实施过程中，学校体育、社会体育和家庭体

育三者建立了横向沟通和联系，形成以学校体育为主体，社会体育、家庭体育为延伸的三位一体的有机整体，各自发挥资源优势，进一步提高了大学生体育锻炼的质量和效果。

首先，在学校与家庭的协同育人过程中，形成了以学生为主体、以学校为主导、以家庭为辅助的有机融合模式。借助互联网平台，家长和学校有了更广阔的交流平台和交流空间，打破了传统的家委会方式的局限性，拓展了家校共同育人的模式。同时，家庭教育是学校教育的延伸，家长参与到高校体育教学中，实现了学校教育与家庭教育的有效衔接，良好的家庭体育氛围的营造有利于大学生良好体育习惯的养成。

其次，在学校与社会的协同育人中，社会参与体育教育的热情逐渐高涨，特别是在全民健身热潮的推动下，我国社会体育获得了长足的进步。社会体育与学校体育相比，形式更加多样，内容更为丰富，对学生有着很强的吸引力。学校体育与社会体育要搭建起深度合作和沟通的桥梁，鼓励大学生参加社会体育活动，开阔他们的视野并锻炼其适应能力，为适应以后的社会生活提前做好准备。同时，大学生能够通过社会体育来延续自己的体育学习实践，有利于其终身体育意识的培养和终身体育锻炼习惯的养成。

第二章　内化·高校体育教学思想理念

第一节　高校体育教学人文教育思想理念

人文教育思想是现代教育思想的重要组成部分。高校体育教学中的人文教育不仅注重人文知识的学习，更重视人文实践的作用，重视良好的人文环境的熏陶作用，重视对体育学科教学人文底蕴的挖掘。

一、人文教育思想阐释

教育的本质说到底是人的教育，我们所强调的知识教育、专业教育其实都是建立在人的教育的基础上的，人文性是教育的根本属性，目的是通过人文素养教育使人活得更高尚、更自觉、更高雅，在拥有开阔心胸的同时，更加注重精神方面的追求。人文教育思想深刻体现了教育者对受教育者的人文关怀，强调人的和谐发展，注重对人生价值和意义的追求，主张通过全面解放人的个性、激发人的潜能，从而实现人的自由而全面的发展。人文教育思想的主要观点体现在以下几个方面，如图 2–1 所示。

（一）尊重人的个性和自由发展

人文教育思想强调尊重学生的个性，充分关爱和尊重学生，尽量减少对学生行为的干涉，给予学生自由选择的机会。作为独立的人，每个学生都具有自己的个性，在教育教学中，关注不同的学生之间的差异性，对不同的学生要有不同的要求，充分尊重每个学生的个性，使学生的个性得以充分发挥和展现，培养其创造性思维和分析问题、解决问题的能力，促进学生天性的自由发展。

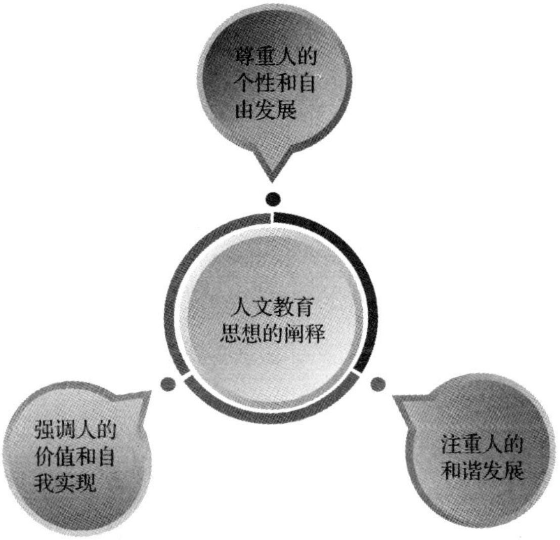

图 2-1　人文教育思想的阐释

（二）强调人的价值和自我实现

人文教育思想强调在教学的过程中，应该加强学生身心两个方面的和谐发展，充分激发人的潜能，促进其价值的发挥和自我实现。在教学中，要充分尊重学生的价值和自由，促进学生的不断发展和完善，帮助学生提升和完善自身的优点，克服和弥补存在的缺点和不足，尽可能达到最大化地自我实现。

（三）注重人的和谐发展

人文教育思想主张以人的和谐发展为目标。人的和谐发展体现在人在发展过程中与他人、社会、自然等方面的和谐发展。在教学中，要尊重人的身心发展规律，注重人的和谐发展，努力提高学生的道德素质、理想信念、科学文化素质等。

二、人文教育思想在高校体育教学中的应用

高校体育教学在注重加强大学生体质的同时，也要注重对大学生的人文关怀，提倡更为和谐的校园文化生活，培养全面发展的新型人才。

（一）强化人文体育校园文化建设

高校校园文化是由校园物质文化、校园制度文化和校园精神文化共同构成的。校园文化环境对大学生起着潜移默化的作用，对高校人文体育思想的践行

具有重要影响。人文体育作为高校校园文化的重要组成部分，是校园文化得以实现的有效载体，它与校园文化的其他方面形成有效的互动，相互促进，共同发展。例如，通过举办各种体育社团活动、体育赛事，在校园广播、校园网站、校园公众号等平台开展对体育知识和体育文化的讲解和传播等。通过多种途径促进人文体育在校园文化中的融入，有利于营造良好的校园人文体育氛围，加深大学生对体育运动的认识和了解，促进其良好的体育运动习惯的养成和终身体育运动意识的培育。

（二）采用多样化的体育教学方法

在高校体育教学中，要积极落实人文教育思想理念，充分尊重学生的主体性地位，提倡师生之间的积极互动，采用多元化的、灵活的体育教学方法。适宜的教学方法能够充分调动学生的积极性和主动性，使体育教学达到事半功倍的效果。在体育教学的过程中，教师要对学生进行合理的引导而不是一味地灌输，从体育课程的设置到运动项目的选择，都要充分尊重学生的意见，吸引学生主动参与到体育教学中来，为学生的自主活动提供充分的空间。体育教学方法的实施要结合学生共性化和个性化特点，做到因材施教、逐层深入开展教学，教学方法既要突出多样性又要具有个性化的特点，做到兼顾学生共性与个性，平衡体育活动的竞争性和娱乐性，实现集休闲体育、竞技体育、快乐体育于一体的体育教学。同时，不仅要强调学生对体育知识和运动技能的掌握，更要培养其对体育运动的热爱和兴趣，促使其以积极的态度参与到体育活动中来，从而促进高校体育教学效果的提高，促进高校人才的全面发展。

（三）加强对教师人文素养的培育

高校体育教学中，教师的人文素养有着重要意义。高校体育教育的人文性在体育教师与学生的双边关系中体现，高校教师良好人文素养的培育，是促进和落实人文教育思想在体育教学中践行的重要保障，是教育目标实现的前提和基础。高校体育教师的人文素养的核心不是能力，而是符合天性、尊重人格，对人类生存意义和价值关怀的一种人文体现。教师的人文素养对学生的影响是非常大的，瑞士教育学家皮亚杰指出：教师的工作不是教给学生什么，而是努力构建学生的知识结构，并用种种方法来刺激学生的欲望。这样，学习对于学生来说，就是一个主动参与的过程了。[①]高校体育教师的人文素养主要指体育教师通过自我学习、教学总结、社会实践等方式将优秀文化成果内化为自身的人格、气质、修养等，在体育教学中能理解关爱学生，发挥人道和对人类终极关怀的品格。高校体育教师人文素养的培育需要从以下两个方面着手：

1. 树立终身学习意识

体育教师要具有与时俱进的精神，树立终身学习的意识，紧跟时代的步伐，通过不断学习来更新自己的知识储备，以全新的理念和知识来教育学生。一个优秀的体育教师不仅要具备扎实的专业知识，还要具备综合学科的基础知识以及各学科之间相互渗透的能力，提升自己的阅历水平和人文素养。

2. 构建新型师生关系

良好的师生关系是教学活动顺利开展的前提，新型师生关系的建立需要以学生为本构建师生之间和谐平等的互动模式。在高校体育教学中，高校体育教师应该积极开展与学生之间的互动，倾听学生的想法和心声，鼓励学生的创新思想和行为，激发学生对体育学习的积极性和主动性，重视学生体育专业技能提高的同时，还要重视学生人文素养和道德水平的提高，培养高素质的新型人才。

总之，作为高校体育教师，只有具备深厚的人文知识，努力践行人文精神，在教学中注重理论与实践的密切结合，才能提高学生的人文素养，培育出德、智、体全面发展的高素质人才。

第二节　高校体育教学休闲教育思想理念

体育作为一种社会文化活动，具有健身、娱乐、游戏等多种功能。对高校体育教学来说，体育在提高大学生身体素质、培育大学生健康心理、锻造大学生社会品质及社会适应能力等方面发挥着重要作用。随着时代的发展，高校体育教学工作需要不断改革与创新，培养学生的休闲意识，以休闲教育思想理念构建科学完善的体育教育框架是非常必要的。

---

① 宋莉 . 高校学生人文素养的培养研究 [J]. 信阳农林学院学报，2019，29（1）：125-127+131.

一、休闲教育思想阐释

（一）休闲教育思想在我国的传承历史

休闲教育是规范社会生活与个人行为的基础性教育。[①] 休闲教育在我国具有悠久的传承历史。在我国最早研究教育问题的著作《学记》中就有关于休闲教育的论述：大学之教也，时教必有正业，退息必有居学。不学操缦，不能安弦；不学博依，不能安《诗》；不学杂服，不能安礼。不兴其艺，不能乐学。故君子之于学也，藏焉，修焉，息焉，游焉。[②] 文章指出了教育的真谛不是简单地体现在教师的教和学生的学的有限知识范围内，而是渗透在学习和生活中的方方面面，具有宽广性、趣味性和艺术性。被称为安定先生的北宋思想家、教育家胡瑗在教学中十分重视书本之外的教育，他带领学生游历名山大川，使学生增长了阅历、开阔了视野，是休闲教育思想的重要体现。明代著名的思想家、教育家、“阳明学派”的创始人王守仁指出：大抵童子之情，乐嬉游而惮拘检。如草木之始萌芽，舒畅之则条达，摧挠之则衰痿。今教童子必使其趋向鼓舞，中心喜悦，则其进自不能已。[③] 强调了游戏娱乐是儿童的天性，不能遏制，应该顺应儿童生长发展的规律，将游戏娱乐应用于教学。王守仁的教育思想也是休闲教育思想的重要体现。近代教育学家蔡元培提出的崇尚自然，尊重学生个性发展、培养健全人格的教育主张，以及著名思想家、教育家陶行知提出的“生活即教育”“社会即学校”的教育思想，无不渗透了休闲教育的思想内涵。

虽然我国休闲教育的思想由来已久，但关于休闲教育的学术研究起步比较晚，在很长一段时间内，休闲教育没有得到足够的重视。随着全民休闲时代的来临，休闲已经成为人们生活中不可或缺的一部分，休闲教育思想理念在我国教育界越来越引起重视。

（二）休闲教育思想的基本特质

休闲教育是一种传授休闲知识、技能和技巧，引导人们树立科学的休闲价值观，明智地利用闲暇时间，提高生活满意度、幸福感和生命质量，实现自由

① 刘海春 . 生命与休闲教育 [M]. 北京：人民出版社，2008.
② 郭丹 . 先秦两汉文论全编 [M]. 上海：上海远东出版社，2012.
③ 董子竹 . 王阳明传习录再传习 [M]. 武汉：崇文书局，2019.

全面发展的终身教育活动。通过休闲教育，能够培养学生对生活的积极态度，提高学生的生活品位和生活质量。休闲教育的开展需要建立在对其特质的准确把握上，概括而言，休闲教育的基本特质主要体现在以下五个方面，如图 2–2 所示。

图 2–2 休闲教育的基本特质

1. 自主性

休闲表现的是一种个人的意愿，其所开展的活动的本质是自由的。在休闲教育中，学生拥有选择休闲内容的主动性和自主权，选择何种活动或者不选择何种活动都是由他们自主决定的。因此，休闲教育尊重学生个体的心理特征、兴趣能力、动机要求和发展水平，力求最大限度满足学生个性化发展的需要，充分体现了学生自主性发展的教育精神。

2. 生活性

休闲教育立足于学生的生活，以完善学生的生活、优化学生的教育为目的。休闲教育的核心既不是职业教育也不是谋生教育，而是关于生命成长的教育。休闲教育以生活为根基，休闲教育的场所可以是人文景观、名胜古迹、体育场馆等自然界或社会界的广阔空间，生活的时时处处都是教育。

3. 愉悦性

休闲是一种精神上的放松，是人与周围的休闲环境互动融合的积极情绪体验过程。休闲教育使学生在身心放松的状况下欣赏、感受和体验生活中的美，令人产生心旷神怡、如沐春风、悠然自得的内在愉悦情感。

4. 创造性

人类社会发展的历史表明，许多科学家、思想家、艺术家的创造才华及其灵感，往往都是在轻松休闲状态下闪现的。过多的管制或制度化安排会限制学生的视野和思维，扼杀他们的创造力。休闲教育能解放学生的时间，让他们去接触大自然中的花草树木、青山绿水、日月星辰，以及社会中的士农工商、三教九流，自由地对宇宙发问，与万物为友，向中外古今三百六十行学习，从而达到激发学生创造力的目的。

5. 终身性

生活中学会休闲是适度放松自我、舒缓情绪的一种能力，休闲教育应贯穿于每个人的一生。休闲教育不局限于正规的学校教育，它把教育视为个人一生中连续不断的学习过程，是人们在一生中不同年龄段应该学习的内容，涵盖了从学前期到老年期的整个阶段。

二、休闲教育思想在高校体育教学中的应用

随着社会节奏的加快，人们生活压力的加大，休闲教育越来越引起社会的高度重视。休闲教育能够使人们拥有良好的心态，适度平衡生活中的压力与休闲生活之间的关系。在高校体育教学中，休闲教育思想也越来越受到人们的重视。

（一）休闲理念的传播与体育教学观念的转变

高校要充分认识到休闲教育思想理念在高校体育教学中的重要性，正确引导和鼓励体育教育与休闲教育的深度融合，在体育教学和体育运动的开展过程中积极传播休闲思想，在校园中广泛开展休闲类的体育活动，善于营造休闲教育思想的相关氛围。

在高校体育教学的具体实施过程中，体育老师要加强对休闲知识的学习，从思想上树立休闲意识和休闲教育理念，教学过程中要及时调整与转变教学观念，培养学生正确的休闲理念与体育运动习惯。在教授学生体育技能的同时，要加强对学生体育休闲理念的灌输和积极休闲生活方式的塑造，鼓励学生积极开展休闲性的体育运动，指导学生以轻松愉悦的方式来度过闲暇时光。

（二）内外结合的教学方法与休闲体验方式

高校体育教学中的各类休闲性体育运动的开展过程中，主要以室内教学和室外教学相结合进行，例如，瑜伽、武术、跆拳道、体育舞蹈等休闲体育更适合在体育馆、瑜伽室等室内开展教学，而一些篮球、足球等竞技性休闲体育项

目则更适合在户外进行。高校体育教师通过内外结合的方法，充分利用室内和户外的体育教学场地，开展休闲体育教育。

休闲体育要吸引学生广泛参与进来，还要注重丰富学生的休闲体验方式。在体育教学过程中，要逐步引导学生体验休闲体育，使他们由尝试参与到放松体验，再到不知不觉形成一种消磨闲暇时间的休闲运动方式，最终使休闲体育真正成为学生生活的一部分，乃至作为一种生活方式伴随他们终身。

（三）新颖的教学内容与休闲化的教学过程

在选择体育项目时，大学生大多对内容新颖、简单易学的体育项目感兴趣，瑜伽、健美操、体育舞蹈、跆拳道等休闲体育广受大学生的欢迎。高校体育教师要不断调整和改进体育教学内容的新颖程度，增加课程的趣味性和吸引力，注意课程教学的休闲化。一些传统的体育运动项目，可以赋予新的形式，如选择合适的背景音乐、合理删减或增加锻炼程序、增加集体互动环节内容等，这样使运动健身更具有休闲化的特点，更能激发学生对生活的热情和动力。对于新兴的体育项目如攀岩、定向越野等，要注意配备合适的健身器材或道具，开展教育过程中在提高学生柔韧、灵巧等方面身体素质的同时，更要注重对其协作精神、创新意识等基本素养的培育，通过休闲化的教学方式获得身心的放松和精神的愉悦。

第三节　高校体育教学创新教育思想理念

创新教育思想是我国当代教育实践和教育改革的重要指导思想。创新教育是适应社会发展的一种新理念和新思维，是对学生创新精神和创新能力的培养。将创新教育思想理念应用于高校体育教学，是高等教育和社会发展的必然要求。

一、创新教育思想阐释

（一）创新教育的含义

创新教育思想是知识经济时代关于创新观念、创新职能和创新实践的教育思想。创新教育是挖掘人的创新潜能，弘扬人的主体精神，促进人的个性和谐发展的教育。它的本质就是遵循人的创造活动规律和人的创造素质的培养规律，以培养创新人才为宗旨。因为创新教育是指以创造性人才为培养目标的教育。创新教育不仅仅是一种具体教学模式，更是一种意义深远的教学思想，创新教育思想是时代发展的产物，是知识经济时代对教育提出的必然要求。同时，创新教育又是素质教育的重要组成部分，创新教育思想以挖掘人的创新意识为核心，以弘扬人的创新精神、形成人的创新能力和全面提高人的创新素质为目的，通过对传统教育思想的改革和创新所构建起来的全新的教育思想。

（二）创新教育思想的实施原则

创新教育思想只有以学生为中心，以培养学生创新精神和创新能力为目标，充分调动学生学习的积极性和主动性，才能促进学生综合素质的提高。创新教育思想的实施原则主要体现在以下几个方面，如图 2–3 所示。

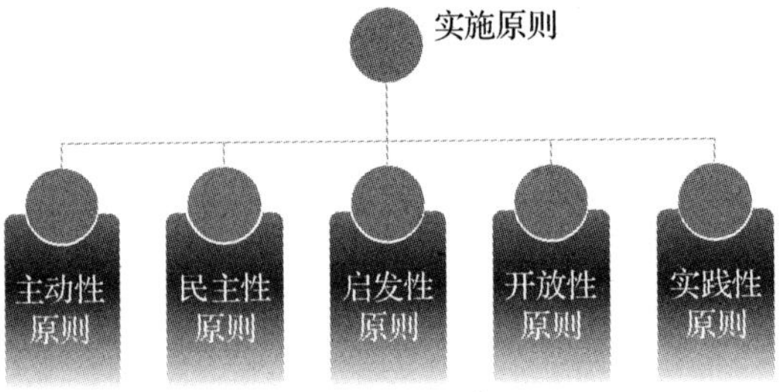

图 2–3　创新教育思想的实施原则

1. 主动性原则

主动性原则指的是在教学过程中，学生作为受教育的对象，要充分发挥其主观能动性，教师教学的开展要以学生为主体，把主体的潜能充分调动和发挥出来，培养学生的积极性、主动性和创造性；同时学生对于学习要主动去探索而不是被动接受，对所学的知识要做到真正理解和灵活运用。

2. 民主性原则

民主性原则指的是在教学过程中师生之间、学生之间要构建起一种民主平等的和谐关系。首先，教师的民主作风是构建良好师生关系的基础，教师民主作风的发扬不仅有利于创新精神的培育，而且能够对学生起到榜样的作用。其次，学生与学生之间要建立团结、友爱、平等、互助的民主和谐关系，开展对创新思维和创新精神的讨论和学习，促进创新能力的整体提升。最后，管理制度方面要充分体现合理性、开明性、民主性，在严格要求学生的同时，又要合理适度给予学生时间和空间上的自由，为学生的个性发展提供广阔的空间，为创新活动的开展创造必要的条件。

3. 启发性原则

启发性原则指的是在教学活动中，教师要善于引导，为学生创设富有启发性的情景，对学生施以积极的教育和影响，促使他们在教育教学活动中不断学习和探索，善于发现新知识、新事物和新方法，掌握创造性思维和创造精神的精髓和主旨，为创新能力的培养打下良好的基础。

4. 开放性原则

开放性原则指的是在教育教学过程中，所有的教育教学活动向广大师生开放，向现代社会开放，向国内外最新的教育理论和成功的教育经验开放。在这里开放不是目的，而是使教育资源实现最优化配置，从而实现我们的教育教学活动向积极的、健康的方向发展。

5. 实践性原则

实践性原则指的是在教学活动的开展中要注重培养学生的实践能力，引导学生将理论知识应用于实际情境，学会基本技能，养成分析问题和解决问题的能力，包括手脑并用的操作能力，从而具备从事社会活动的能力，能够更好地适应社会生活，得心应手地从事社会实践活动。

（三）创新教育思想的实施保障

首先，创新教育思想的实施要树立创新教育的观念。要学习、借鉴和吸收古今中外人类社会发展过程中关于创新的优秀文化成果，不断丰富和发展创新教育思想的内容。同时，要结合创新教育的实施，树立开放性、启发性和实践性的创新教育观念，使创新教育在科学指导和先进观念的引领下健康发展。其次，实施创新教育思想要深化对教育创新职能的认识。在传统观念的认知里，教育的主要职能就是进行文化和知识的传播。随着社会生产力的飞速发展和知识经济时代的到来，教育不单单具有文化知识的传播功能，还具有培育学生创新思维、创新精神和创新能力的职能。随着我国素质教育的深入实施，更要树立创新教育的观念，强调创新素质的培养。素质教育和创新教育两者之间有着本质和必然的联系，只有把学生的创新能力作为重点来培养，才能确保素质教育的顺利实施。最后，创新教育思想的实施需要构建创新教育相关体系，即包括教育观念的创新、教育制度的创新、教育内容的创新、教育方法的创新和教育评价的创新等在内的一系列创新。

二、创新教育思想在高校体育教学中的应用

（一）创新型教学内容的构建

传统的体育教学内容大多以教材为中心，教学内容比较单一。而创新教育思想是以培养创新精神和创新能力为基本价值取向的教育实践，需要构建丰富多彩的教学内容，引发学生对体育课程的兴趣，增加球类、舞蹈体育、民族体育等体育教学内容，增强体育的健身性和趣味性，将体育与体操、舞蹈、音乐、游戏等艺术形式相结合，构建生动活泼、轻松愉快的多样化教学内容。

（二）创新型体育教师的培育

高校体育教学中，教师对创新教育的实施和创新型人才的培育起着关键性的作用。只有富于创新精神的教师才能培育出具有创新精神的学生。教师在教学中要善于发现和培养学生的创新精神和创造能力，善于根据具体的教学情境，有针对性地运用不同的教学方法来培育创新型人才。

首先，教师要转变教育思想和教育观念，在教学过程中要善于启发学生思考、开发学生思维、积极引导学生开展创新活动。在教学中要树立以学生为主体的意识，充分调动和发挥学生的主动性，鼓励学生发出不同的声音，勇于求异，培养他们的探索精神与丰富的想象力和创造力。体育教师要具备创新意识，对课程的组织与设计要别出心裁，引发学生的好奇心和强烈的求知欲，调动学生学习的兴趣，诱发和培育学生的创新意识和创新精神。

其次，体育教师在教学方法的选择上不能单单以教会学生为目的，而是要在教会他们体育知识和体育技能的同时，注重学生智力的开发和能力的增长。避免知识的简单传递和灌输，注重通过引导和鼓励来增强学生的信心，活跃其创新思维，培养其创造能力。

最后，在高校体育教学过程中，教师要充分调动学生对体育知识和体育运

动的主动学习、主动思考和主动创新的积极性，使学生由对知识的被动接受转化为主动求知。在教学中，老师要善于倾听学生的声音，给予学生充分发挥的自由空间，为学生提供发表自己见解、提出合理质疑和实践操作的机会，充分调动学生对问题的独立思考、积极探索和主动创新的能力。

（三）创新型教育方法的实施

高校体育教学方法，要结合当前高校体育教学的实际发展情况，加强整合和优化。要善于借鉴国外先进的体育教学方法和教学经验，积极发掘我国传统体育教育教学的精华，摸索出一套适合高校体育教学的创新型教育方法。例如，美国的合作学习教学法、德国的范例教学法以及我国的成功教学法，在培养学生创新精神、引导学生自主探究学习和锻炼学生运用知识解决实际问题的能力方面都具有独特的优势，高校体育教师要善于对这些教学方法加以整合优化，摸索出符合学生实际情况，能充分开发学生创新思维，培养其创新精神和创新能力的行之有效的创新型教育方法。

第四节　高校体育教学终身体育思想理念

高校体育教育是学校教育的重要组成部分，也是连接学校教育与社会教育的桥梁。随着社会的发展，人们对体育运动的需求越来越多，终身体育教育不仅能够增强学生的身体素质、培养其体育意识，而且对国民身体素质的提高具有重要的促进作用。

一、终身体育思想阐释

（一）终身体育思想的含义

终身体育是20世纪90年代以来伴随体育改革发展而产生的一个新理念，是指一个人终身进行身体锻炼和接受体育教育。[①] 终身体育是一个包含家庭、学校以及社会体育在内的对人的终身健康发展具有促进作用的概念体系，从时间段上来说终身体育可以分为三个阶段，第一阶段是学前体育阶段，这一阶段

① 王德平，黄朕．大学体育与健康教程[M]. 西安：西安电子科技大学出版社，2020.

的体育教育主要是家庭教育和社会教育早期的引导和影响；第二阶段是学校体育阶段，这一阶段是在教育体制的引导或者干预下进行的体育教育，主要是对体育意识的培养和体育技能的锻炼；第三阶段是社会体育阶段，这一阶段走向社会、拥有独立的思考问题和分析问题能力的人，在生活中可以自主选择体育锻炼来进行放松和调节。

终身体育教育是伴随着终身教育思想而产生的一种新的教育思想，并且随着终身教育的发展而发展。终身体育教育提倡将体育运动当作生活的一部分融入人生的各个阶段，强调体育运动在人的一生中的必要性和重要性，目的在于提高大家对体育的认识，找到适合自己的运动方式和锻炼方法，养成终身体育锻炼的习惯。

（二）终身体育思想的主要特征

终身体育思想的特征主要表现为自觉主动性、广泛延续性、持久深远性、全民普遍性和开放流动性，如图 2–4 所示。

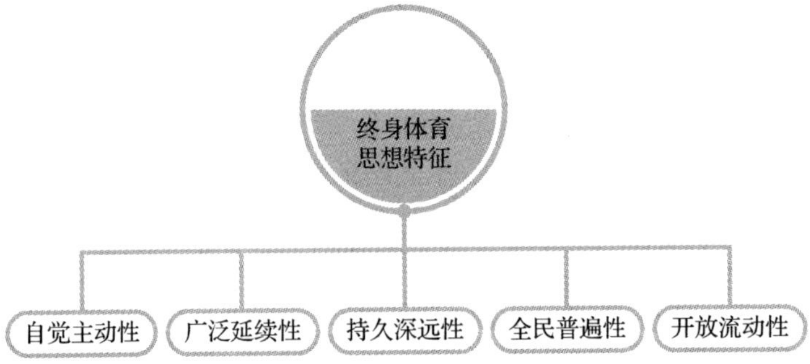

图 2–4　终身体育思想的特征

1. 自觉主动性

终身体育思想重在培养人们的终身体育意识，从而使人们在不知不觉中将体育运动内化为自身生活的一部分，主动自觉地参加各种体育运动和健身活动，提高自身的自律意识，提高体育参与的规范化水平和自我调控能力，养成良好的运动习惯和休闲生活方式。

2. 广泛延续性

广泛延续性特征指的是终身体育在教育对象、结构体系、教育任务等方面具有广泛性，而不局限于单一的形式。从教育对象上来说，终身体育包括学前儿童、学龄期青少年以及不同年龄段和各行各业的人群；从结构体系上来说，终身体育既包括幼儿园体育、小学体育、中学体育、大学体育等正规学校体育，也包括家庭体育和各种各样的社会体育，这些体育结构综合交错，形成一个开放性、动态化的网络体系；从教育任务上来说，终身体育的具体任务不仅包括体育知识的传授、体育技能的培育、体育能力和体育素养的提升，还包括体育价值观、体育人生观、体育法律法规的宣传以及保健知识咨询在内的多种教育。终身体育教育贯穿于人从出生到死亡的各个人生阶段，是家庭教育、学校教育、社会教育共同构成的协调发展的教育形式。

3. 持久深远性

终身体育的持久深远性特征主要表现在终身体育不是简简单单的一句口号，也不是一时兴起的活动，而是作为伴随人们的一生，成为日常生活的一部分来实施和坚持。同时，终身体育的终身性还体现在其蕴含的精神中，我们学习的体育知识有可能会随着时间的流逝而逐渐模糊，但终身体育教育中精神层面的影响却是持久而深远的，甚至伴随我们的一生。

4. 全民普遍性

终身体育的全民普遍性主要体现在接受终身教育的人群涵盖了所有人，突破了传统学校教育的局限和框架，把体育教育贯穿于人的一生。终身体育把体育教育看作是一个连续的过程，不但包括学校教育部分，还包括家庭教育和社会教育，要求“活到老、学到老、锻炼到老”的全民健身理念。

5. 开放流动性

终身教育的开放流动性主要体现在体育运动已经渗透到人们日常生活、工作、学习的方方面面和各个领域，终身教育思想和理念被人们广泛接受并成为共识，体育运动和健身已经成为人们日常生活中的一项重要内容。体育在德育、智育、政治、经济、文化生活中呈现出多元化的功能与特点，在各行各业中发挥着不同的职能，在开放流动的环境中大放异彩、大显身手。

二、终身体育思想在高校体育教学中的应用

终身体育思想在高校体育教学中主要应用于以下五个方面，如图 2–5 所示。

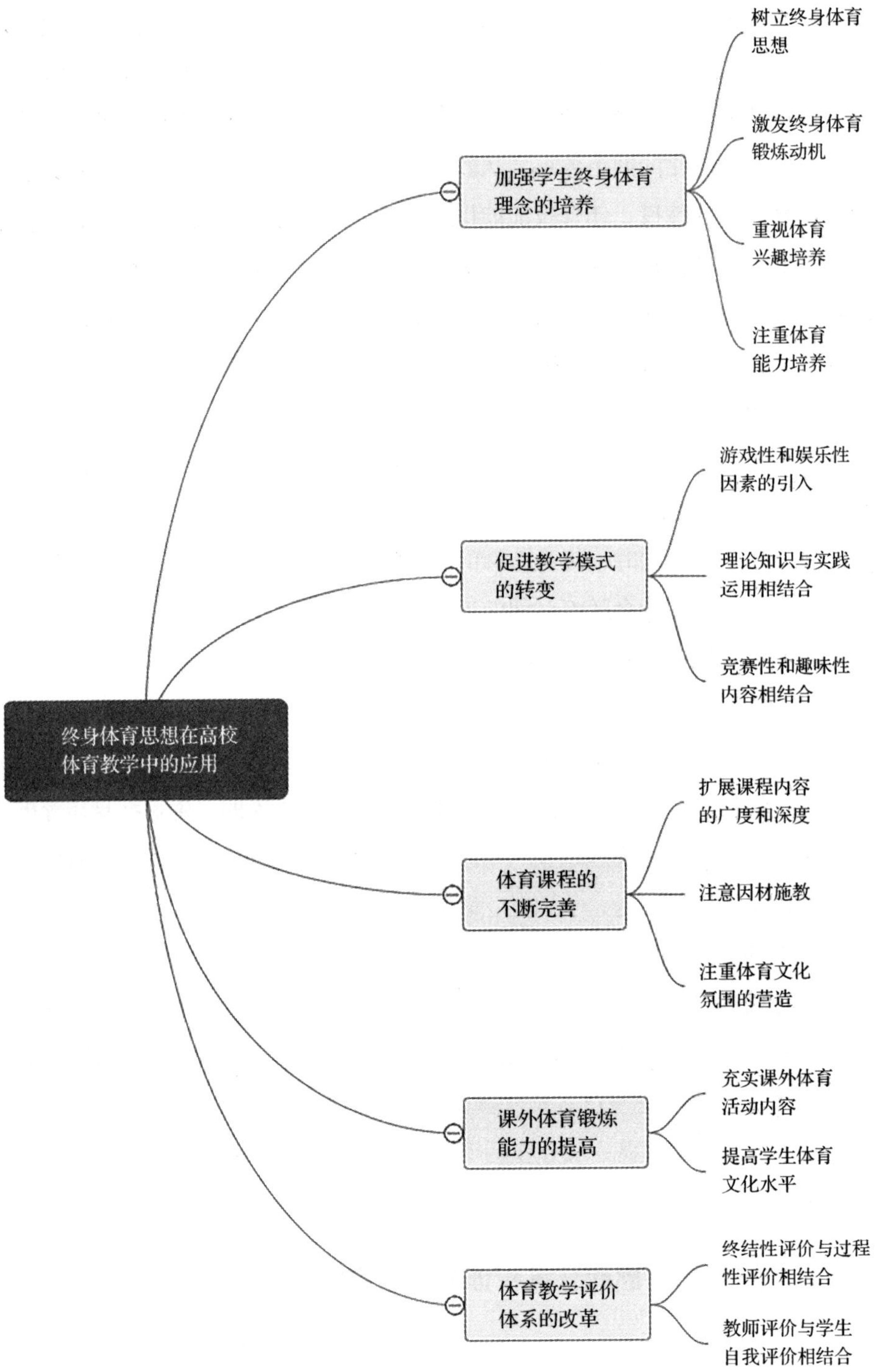

图 2-5 终身体育思想在高校体育教学中的应用

（一）加强学生终身体育理念的培养

高校体育教学能够树立终身体育理念，激发学生长远持久的体育热情，帮助学生养成经常性地进行体育运动的习惯。高校体育教学作为学校体育和社会体育的衔接，对于学生终身体育理念的培养具有非常重要的意义。

1. 树立终身体育思想

高校体育教学要树立好学生的终身体育思想，做好体育宣传工作是培养学生自觉参加各种课内外体育活动，实现家庭、社会参与学校体育教育的重要手段。学校可以充分利用橱窗板报、广播多媒体等宣传媒介，拓展学生体育知识面；定期举办知识讲座，组织各种形式的竞赛活动，增强学生锻炼的自觉性，激发体育锻炼热情。

2. 激发终身体育锻炼动机

高校体育教学要充分激发学生对于体育学习的热情和兴趣，使学生树立进取的体育目标，唤起他们参加体育活动、坚持体育锻炼的驱动力，积极主动学习关于体育运动的相关知识和相关技能。高校体育教师要利用丰富的教学设施和教学条件创设引人入胜的教学情境，使学生获得愉悦的情感体验，激发学生的体育动机，从而完成使学生终身受用的基本知识、技术和技能的体育教学。

3. 重视体育兴趣培养

兴趣是最好的老师，学生体育兴趣的培养对于高校体育教学来说具有非常重要的意义。随着终身体育思想的确立，体育兴趣的培养引起社会的广泛重视。体育兴趣的培养需通过锻炼加以维持和巩固，只有持续地接触才能产生心理上的共鸣和互融。在持之以恒的锻炼中，才能看到锻炼的作用和效果，对体育锻炼及其方法产生深刻认识，从而形成稳固的体育兴趣爱好。

4. 注重体育能力培养

教师在学校体育教学中加强终身体育意识及兴趣培养的同时，要注重对学生体育能力的培养，应注意培养学生制订计划、积极组织和参加群体活动、体育理论知识等能力，多途径、多渠道地培养学生的体育技能。

（二）促进教学模式的转变

高校体育教学模式的制定必须以终身体育目标为中心，教学方法要富于引导性和启发性，要转变以往的传统竞技运动的单一教学模式，把游戏性和娱乐性因素引入教学课堂，鼓励学生践行终身教育理念，采用理论知识与实践运用相结合、竞赛性和趣味性内容相结合的授课方式，营造轻松和谐的课堂气氛和环境，加强师生之间的互动。高校体育教学在学习体育知识、体育技能和增强学生体质的同时，要注重促进学生个性的发展，培养健康文明的生活方式，为终身教育打下坚实的基础。新的教学模式要激发学生对体育学习的兴趣，采用多种教育方法来组织教学，把学生的兴趣和爱好转化为体育学习的动力。

（三）体育课程的不断完善

高校体育课程体系应该涵盖生理、心理、道德、营养、健康等多个学科的内容，可以采取必修课、选修课和体育知识讲座等多种形式，有效利用高校师资、场地和器材等，有序地扩展课程内容的广度和深度，让学生按照自己的兴趣和爱好选择合适的体育运动，在运动中享受其中的乐趣，并不断提高，持之以恒。在课程教学的实施中，要注意因材施教，注重体育文化氛围的营造，把大学生终身体育理念的培养、体育能力的培养和全面发展放在首位，培养大学生对体育的热情，进一步推进大学生树立终身体育的理念，养成良好的体育运动习惯和健康文明的生活方式。

（四）课外体育锻炼能力的提高

高校体育教学中课外体育的开展有利于大学生在紧张的学习之余适度放松，余暇生活的丰富多彩也有利于促进大学生身心健康发展，使其获得精神和物质双重满足。为了增强和培养大学生的终身体育意识，必须充分利用课外余暇时间不断充实课外体育活动内容，把学生吸引到体育锻炼中来，促进其课外体育锻炼能力的提高。例如，开展以小集体活动形式为主的锻炼，积极倡导多种类型的适合未来社会和个体自主锻炼需要的运动内容，并配合体育知识讲座、体育知识竞赛、体育摄影、体育征文和小型多样的体育竞赛项目，以此来充实课外体育活动内容，使学生在体育课中学到大学生体育与健康的知识、在体育活动中运用和发挥体育技术技能。此外，要提高学生体育文化水平，并在体育实践中增强体育意识，提高体育素养，使体育逐步成为他们生活中不可缺少的一部分，从而自觉、积极、主动地参加体育锻炼，提高自我锻炼的能力和培养终身体育的意识。

（五）体育教学评价体系的改革

在高校体育教学实践中，不能单纯采用终结性的评价来衡量学生的体育学习情况，应该采用终结性评价与过程性评价相结合的方式。高校体育教师必须对学生的情况进行仔细观察和了解，培养学生终身体育的意识，建立过程评价与终结评价、教师评价与学生自我评价相结合的科学的评价体系，对学生在体育教学中的学习态度和表现进行考核。评价体系的建立，在促进学生发挥特长的同时，还减轻了学生的压力与负担，使每一位学生都可以体会到体育学习的乐趣，有助于促进其体育学习目标的确立和终身体育理念的形成。

第三章　阐发·高校体育教学主体分析

第一节　高校体育教学主体之教师分析

体育教师与学生是高校体育教学中的两大主体，高校体育教学活动由教师的“教”和学生的“学”共同构成，离开了任何一方，教学活动都无法进行。在高校体育教学中，体育教师作为教学活动的主体之一起着十分重要的作用。高校教师的素质和能力直接关系到教学效果的好坏和教学质量的高低。

一、高校体育教师的主要类型及工作特点

（一）高校体育教师的主要类型

不同的体育老师具有不同的专长和优势，在高校体育教学中，要有针对性地对体育老师进行不同的类型划分并加以利用，只有这样才能扬长避短、人尽其才，使他们在自己擅长的领域充分发挥自己的才能，实现自己的价值。高校体育教师根据其不同的擅长领域，主要分为教学型体育教师、训练型体育教师、科研型体育教师和复合型体育教师四类，如图 3–1 所示。

1. 教学型体育教师

这一类型的体育教师对于高校体育教学有着深刻的认识和把握，他们一般具有优秀的教学能力和教学智慧，在教学中能够受到学生的认可和喜爱。首先，擅长教学的体育老师一般教学经验比较丰富，对学生有足够的责任心、爱心和耐心，给予学生充分的理解和尊重，潜心研究教学业务，对教学的组织开展有自己独特的见解，有自己行之有效的一套教学方法。其次，此种类型的教师在日常教学中注重经验的积累，并且善于将这些经验应用于体育教学之中，

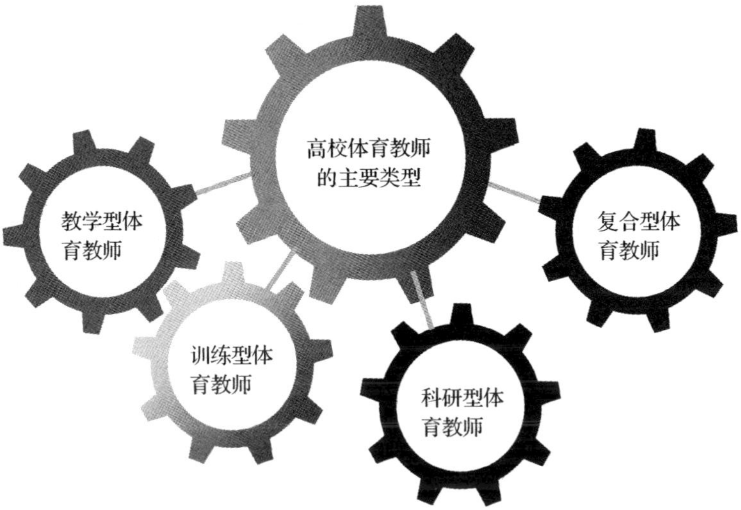

图 3-1　高校体育教师的主要类型

发现体育教学的规律，使体育教学效果更加显著。他们能够充分调动学生对体育学习的兴趣，激发学生的积极性，有效把握和调控课堂气氛，使教学活动有序、高效开展。最后，此种类型的体育教师在运动经历和运动技能方面可能有所欠缺，但在教学中他们能够做到扬长避短，做到对体育运动相关项目技术战术的准确示范和讲解，加深学生对知识的掌握。

2. 训练型体育教师

擅长于训练的体育教师多为高校高水平运动队运动训练的负责人，他们通常拥有自己的专长项目，在某类体育项目上拥有出色的运动技能和突出的运动成绩。他们通常拥有丰富的运动训练实践经验，在教学训练中能够发挥特长，对训练进行整体管控并结合实际情况对整个训练计划实时做出调整。对于相关体育赛事活动，他们同样具有丰富的经验，能够针对队员的情况给予专门的训练手段和训练方法方面的指导，进一步加强队员的心理素质建设，从而带领队员在体育赛事中取得好成绩。

3. 科研型体育教师

随着对体育教师素质要求的提高，出现了许多以科研为专长的体育教师，此外，随着高科技不断被应用于体育教学中，大量体育方面的新的研究课题不断涌现，而体育教学方面需要加大体育科研的力度和保持教学的先进性，因此，对科研型体育教师的需求不断加大。科研型体育教师不但具有较高的文化水平，而且具有很强的科研能力，他们除了做好平时的教学工作之外，还会投入大量的精力进行体育科学的相关研究。科研型教师不一定擅长体育教学和体育训练，但是他们对体育教学中的学术问题有着敏锐的观察力，能够通过观摩体育教学过程获得相关经验和科研灵感，在学术上提出自己独特的观点。在开展科研过程中，科研型教师通常能够将课堂教学理论与课外运动训练联系起来，形成“学习 + 研究 + 设计 = 实践”的科研模式，做到理论与实践的紧密结合，形成自己独特的研究风格，得出体育教学中的新观点。

4. 复合型体育教师

教学型体育教师、训练型体育教师和科研型体育教师都具有各自擅长的领域，但在体育教学的某些方面又存在一定的局限性。随着学校体育改革的深化和体育教学的不断发展，对高校体育教师的综合素质提出了新的要求，培养同时具备教学、训练、科研能力的复合型体育教师成为体育师资队伍建设和体育教学发展的主要目标。所谓复合型体育教师，就是在知识结构方面由两个或两个以上的不同质的学科知识群组成，在智能结构方面由跨学科的多种能力聚合而成。① 复合型教师需要具备跨学科的能力，在知识结构方面具备两个以上的不同学科的知识群储备，做到知识、科研与服务社会相结合。高校复合型体育教师要具备主辅修专业的经历，涉猎与主辅修专业有关的知识和“边缘”知识，有宽阔的横向知识面，有运动技能专长，并能将其运用于实践。在学校体育领域，具备独立完成多项工作的知识和能力，即既能高质量地完成教学工作，又能胜任课余运动训练；既有较好的组织管理能力，又具备较强的科学研究能力；既有果断的决策魄力，又具有创新思维和较强的社会交往能力。高校体育复合型教师需要注重自身能力的不断提升，在完成教学相长的教学任务的同时要积极开展不同学科之间的密切联系与合作。

（二）高校体育教师的工作特点

高校体育教师与其他学科的教师同样是以学生为教育对象，以育人为目的开展教学活动的，其工作与其他学科教学相比有一定的相同点。同时，高校体

① 郭道全，魏富民，肖勤．现代高校体育教学概论 [M]. 北京：中国商务出版社，2015.

育教师的工作又具有以下与其他学科不同的特点，如图 3–2 所示。

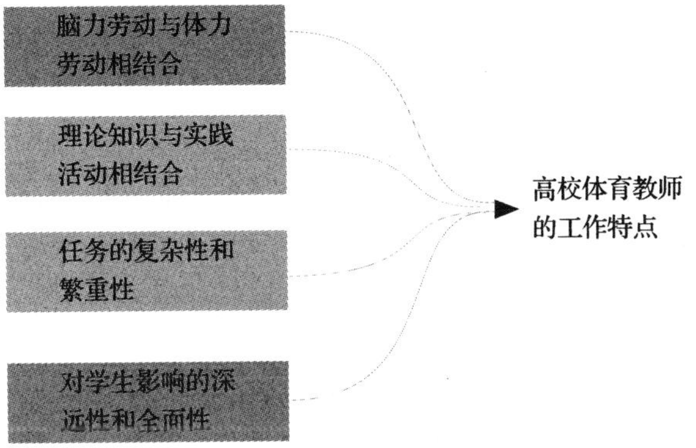

图 3–2　高校体育教师的工作特点

1. 脑力劳动与体力劳动相结合

高校体育教学中，体育教师需要对体育基础知识、体育技能技巧、体育项目的战略战术、体育文化等相关理论知识进行系统规划和组织，辅导和帮助学生完成理论知识的学习，这一过程需要进行大量的脑力劳动；体育教师动作的示范、训练实战等则以体力劳动的表现形式为主，所以说高校体育教师的工作体现了脑力劳动和体力劳动相结合的特点。

2. 理论知识与实践活动相结合

高校体育教学是以锻炼身体的实践活动为主要特征，教师无论是在传授体育知识、体育技术技能方面，还是在培养学生的道德品质方面，都需要做出表率和示范。这就需要高校体育教师将体育理论知识广泛应用到平时的训练实践中，既要围绕统一的教学目标去培养学生，又要针对不同的教育对象灵活地采用教育和教学方法，因人、因时、因地进行创造性劳动，把学生塑造成社会所需要的人才。

3. 任务的复杂性和繁重性

高校体育教师工作特点的复杂性主要体现在其在教学过程中，既要对体育相关的理论知识进行讲解，又要注重学生体育技能的训练、体育能力的培养。在实际技能的培养中，还要注意教育对象在体育基础、年龄、性别等方面存在的差异，针对不同对象的具体情况制定相应的教学策略。此外，体育教师不但要完成体育教学任务，还要投入大量精力承担群体活动、运动训练和体育竞赛等工作，其工作范围不仅仅局限于学校内，还要面向社会，参加各种社会和校际之间的体育竞赛和体育活动。

4. 对学生影响的深远性和全面性

高校体育课堂上的教学内容和课外体育中的运动项目，是专家精心选择和经过长期实践证明对学生具有全面教育价值的特殊内容，是促进学生身心全面协调发展的教育信息载体。体育教师对这些内容的教学具有一套完整的思路和规则，对体育教学、体育训练和课外体育活动都有科学的组织和合理的安排，在教育学生自觉遵守规则与纪律的同时，能够培养他们热爱集体、团结友爱、相互帮助的道德品质。参加锻炼和训练的过程，实际上是一个克服困难、磨炼意志的过程，是重塑一个人的性格、信念、情操的过程，它可以培养学生勇敢顽强、坚韧不拔的意志品质及沉着、机智、敏捷、自控等心理品质。体育教师还通过课内外的教学训练帮助学生养成文明的行为方式和良好的体育作风，提高学生热爱美、鉴赏美、表现美的情感与能力，从而自觉确立文明、科学、健康的生活方式，使其在德、智、体、美等各方面得到全面提高和发展。

二、高校体育教师的知识结构体系

随着社会的进步和教育理念的不断更新，对高校体育教师的职业素养提出了更高要求，高校体育教师不但要有强烈的责任感和事业心，还要有包括基础知识结构、专业技术能力和体育教学素养等在内的知识结构体系，如图 3–3 所示。

（一）基础知识结构

1. 扎实的理论知识

高校体育教师首先需要具有良好的思想政治素质，要充分了解和掌握我国关于体育的方针、政策等相关制度；其次高校体育教师还需要具备基础的体育方面的理论知识和基本运动知识。这部分内容主要包括：①体育教师需要掌握人体构造及功能相关知识。运动的实质就是对身体各部分的有效控制。作为体育教师，需要对人体结构及其功能有清楚的了解和认识，只有这样才能科学地指导学生开展体育活动，促进学生身心健康的发展，否则运动不但起不到应有的效果，还有可能带来机体的损伤；②体育教师还需要掌握体育方面专业基础

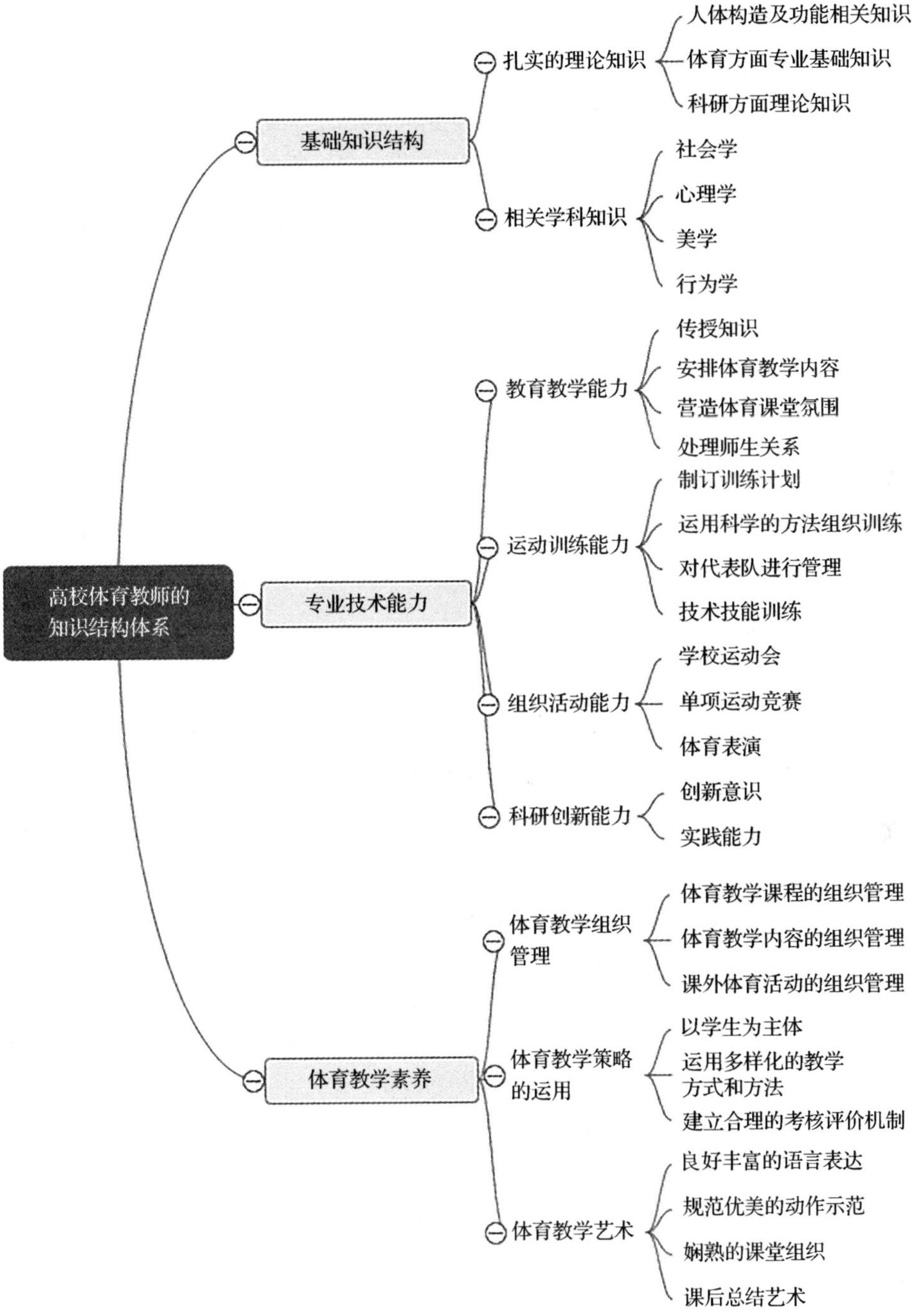

图 3–3　高校体育教师的知识结构体系

知识。基础理论和知识是学科的基础，体育学科也是如此。体育教师需要掌握体育运动的相关理论知识，教学中所涉及的包括各个运动项目的基本理论、相关规则、战略战术等在内的运动原理和方法，以科学的方法和模式综合运用知识开展体育教学；③体育教师还需要具备体育科研方面相关理论知识，如体育计量学、体育统计学等，以便掌握体育运动现象背后所隐藏的一些规律性的东西，更加科学地开展体育教学。

2. 相关学科知识

高校体育是一门综合性的学科，它所涵盖的学科范围比较广泛，既包括自然学科，也涉及社会学科，因此高校体育教师除了专业理论知识之外，还应该具有丰富的其他学科知识结构，需要具备社会学、心理学、美学、行为学等相关学科的知识。体育教师只有不断拓展自己的知识面，不断丰富自己的知识结构，具备多种学科的知识储备，才能在体育教学中得心应手，不断开拓学生视野和思维，丰富育人的渠道和形式，适应不断发展变化的体育教学实践的需要。

（二）专业技术能力

1. 教育教学能力

体育教师是体育教学的执行者和组织者，体育教育教学能力是体育教师能否胜任体育教学工作的关键，是高校体育教师应该具备的最基本的能力，也是体育教师综合能力的重要体现，对体育教学工作的效率和质量有着直接的影响。高校体育教师良好的教育教学能力不仅能够使学生学到体育相关的知识和技术技能，而且能够通过体育教学培养其良好的思想品格及社会适应能力。高校体育教师不但承担着大学生的“育体”工作，更承担着“育心”工作。高校体育教师不仅要具备传授知识的能力，更要具备安排体育教学内容、营造体育课堂氛围、处理师生关系等多方面的教育能力。

2. 运动训练能力

对于高校体育教师来说，运动训练能力是他们从事本职工作的基本能力。高校体育教学是一种面向学生群体开展的专业教学活动。在运动训练中体育教师需要根据教学内容和训练对象的不同，制订相应的训练计划，运用科学的方法组织训练，对代表队进行管理，开展体育技术技能训练等。

3. 组织活动能力

高校体育教师除了具备教育教学、运动训练能力外，还应该具备一定的组织活动能力。体育运动离不开体育活动和各种竞赛活动的举办，作为体育教师需要将自己的专业知识和体育技能应用到实践活动中，需要具备各种学校运动会、单项运动竞赛、体育表演等相关体育活动的组织能力，确保活动的顺利进行和圆满举办。

4. 科研创新能力

科研创新能力的提升能够推动体育运动科学开展和技术进步，提高高校体育水平，科研创新能力也是衡量高校体育教师业务能力的一项重要指标。高校体育教师应该树立体育科研创新的意识，积极参加各种体育科研活动，在体育教学实践中不断提高自己的实践能力和创新能力。

（三）体育教学素养

1. 体育教学组织管理

高校体育教师在教学中需要具备对体育教学课程、体育教学内容和课外体育活动进行组织管理的能力。

（1）体育教学课程是实现高校体育教学任务的基本组织形式，是体育教学实施中的重要环节。特别是体育教学课程多在室外进行，所涉及的组织管理环节更为复杂，教师要对教学场地的合理使用与布置、课堂训练的具体安排、运动训练中的运动负荷与合理调节等方面进行组织管理。

（2）高校体育教学内容一般是相对比较固定的。体育教师在教学过程中需要对这些内容进行组织加工，依据学生认知结构特点和体育学科的相关逻辑结构，结合实际教学的需要来灵活组织运用。

（3）课外体育活动作为体育教学的重要组成部分，是体育课堂教学的有益补充。体育教师在课外体育活动中起到指导性的作用，需要对课外体育活动的计划制订、内容选择等方面进行合理的组织管理，既保证体育教学活动的丰富多彩又确保其质量。

2. 体育教学策略的运用

高校体育教学过程中，一定要注意相关体育教学策略的运用。①体育教师在体育教学中要以学生为主体，让学生充分发挥自身的主体作用。通过调查、测试以及日常交流谈话等方式了解学生的身体素质情况和体育基础，掌握学生的兴趣喜好，合理采纳学生的意见和建议，将学生兴趣喜好及当下流行的体育运动项目融入到体育教学工作中，使学生感受到教师对自己的重视和尊重，进而能够积极主动地参与体育锻炼，对体育教学工作予以更多支持和配合。在教学活动中要培养学生对体育运动的探究和主动学习精神，激发学生的创造性思维。②体育教师要善于运用多样化的教学方式和方法。在体育教学中要多增加游戏性、趣味性的元素，充分调动学生对体育学习的兴趣；体育教学设计要尽量体现多元性、多样性，以便迎合大学生的不同喜好和个性化的学习需求。另外，体育教师可以将多媒体教学法、微课教学法、翻转课堂教学法、小组合作学习法、探究学习法等应用至体育教学工作中，充分吸引学生的注意力，使学生积极参与到体育锻炼和讨论研究过程中，进一步增进师生之间的交流互动。③体育教师要建立合理的考核评价机制，对高校学生的体育学习情况进行客观的评价。在高校体育教学中，不能把体育成绩作为考核评价的唯一标准，应该坚持定性评价与定量评价相结合、过程性评价与终结性评价相结合的方法，考核方式尽量多样化、公平化，以挖掘学生体育潜能和培养学生体育学习兴趣为目的。

3. 体育教学艺术

教学艺术是教师在一定的教育教学理论指导下，在长期的教学实践中逐步形成的独具个性的教学思想、教学技能技巧和教学风度的稳定表现。[①] 在高校体育教学中，教师鼓励的眼神、富于美感的动作、循循善诱的语言等都能够使学生感受到体育教学的魅力，激发学生对体育学习的热情，形成良好的课堂互动氛围，促进教学效果的提升和教学目标的实现。成功的体育教学艺术在向学生传授体育知识和技能的同时，还能带来心情的愉悦和美的享受。体育教师在高校体育教学中的教学艺术主要体现在以下几个方面：

（1）良好丰富的语言表达。语言是人类用来表达感情、交流思想的工具。在高校体育教学中，体育教师不但要具备丰富的专业知识，更应该具有良好的语言表达能力，这对教学效果的提升起着非常关键的作用。

首先，高校体育教学中，教师的语言要具有准确性和规范性。体育教师的语言要能准确表述出体育教学的主要内容和所要传达的思想，做到简洁精练、要点突出。需要特别注意的是，体育教学中涉及的体育口令和体育术语一定要

① 梅丽娜 . 在高校体育教学中良好体现教学艺术 [J]. 价值工程，2012（3）：190.

严格规范，否则容易形成误导。

其次，高校体育教学中，体育教师的语言要富于感染力和启发性。富于感染力的语言能够活跃课堂气氛，体育教师要努力提升自己的艺术修养、文学修养等各方面的素养，在体育教学活动中投入自己的感情，这样才能使体育教学更具有感染力。此外，体育教学中，体育教师的教学语言要具有启发性，能进一步诱导学生的积极思维和创造思维。教师启发性的语言能给学生带来创造思考的空间，这既可以促进其智力发展，还可以促使其主动地接触教材、理解教材和掌握教材。教师启发性的语言，能大大提高学生练习的兴趣，有利于尽快地掌握运动技术。体育教师要提高自己的语言素养，讲究语言艺术，因为语言的艺术性在极大程度上决定着学生在体育课上的学习效果。所以体育教师语言的艺术性要渗透到知识的传授、运动技术的讲解、高尚品德的培养等方面，要以优美、合理、富有时代性的语言表达出最丰富的含义，以达到全面提高体育课教学质量的目的。

最后，高校体育教学中，体育教师要富有丰富而得体的体态语言。教师的体态语言是口头语言的有效补充。口头语言和体态语言的有效结合，能使体育教学达到最佳的艺术效果。教师的体态语言包括教师的表情、目光、手势等，是课堂教学中一种重要的信息传递手段。教学过程中体态语言的运用要把握好时机和频率，只有合理运用才能起到画龙点睛的作用。

（2）规范优美的动作示范。高校体育教学中，示范教学是非常重要的一个环节。教师规范优美的动作示范一方面能够使学生获得直观的感受，较快地完成对动作要领的掌握和了解，另一方面能够提高学生对体育学习的兴趣，激发其主动性和积极性，有利于形成正确的动力定型。在示范动作的教学过程中，教师要注意示范动作的规范和优美。教师示范动作要与知识讲解紧密结合起来，做到准确规范，加深学生对理论知识的理解和动作要领的把握；同时教师的示范动作要能充分展现体育动作的优美性，给学生以视觉上的享受和冲击，通过视觉系统的作用，来促进运动技术的掌握和领悟。

（3）娴熟的课堂组织。高校体育教学中，体育教师要结合体育室外教学为主的特点，娴熟有效地组织好课堂教学。一般体育课堂教学活动由开始、准备、基本、结束四个阶段组成。教师要灵活调配各个阶段的时间，避免出现先紧后松、头重脚轻的现象。在开始阶段，教师要提前组织学生布置好场地以及教学所需要的器材等；在准备阶段，学生的注意力还不太集中，教师要善于调动课堂气氛，吸引学生融入到课堂教学中来；基本阶段是体育课堂教学的重点部分，教师要注意教学方法的运用和对重点内容的精讲多练，提高学生的学习兴趣，加深学生对知识点的印象。在结束阶段，教师应采取一些调节情绪和放松性的练习，使学生逐渐在平缓放松的情绪中做好对知识点的总结和回顾。

（4）课后总结艺术。高校体育教学中，课后总结环节应该引起体育教师的重视。课后总结环节是对整个课堂教学的总结和回顾，善用课后总结艺术能够使体育教师在教学中不断反思和探究，反思在课堂教学中需要改进和提高的地方，促进体育课堂教学的不断优化和成熟，使教师的专业水平和教育教学能力得到提升。

三、高校体育教师的角色定位

高校体育教师是体育教学活动的实施者，教师角色定位的明确对高校体育教学能起到正确的引领和指导作用，具有重要的意义。高校体育教师在体育教学中承担着知识的传授者、学习的引导者、课程资源的开发者、教学活动的组织者、教学过程的监督者等多种角色，如图 3–4 所示。

图 3–4　高校体育教师的角色定位

（一）知识的传授者

高校体育教师首先应该是知识的传授者。在教学过程中要对体育知识、体育技能、健康知识等理论知识和专业知识进行传授，对大学生体育学习情况进行指导和评价。

（二）学习的引导者

高校体育教师在教学过程中发挥着重要的引导功能，尤其是学生面对全新的体育教材和学习新的知识点的时候，需要教师加以指导和引领。引导强调学生的主体性，区别于以往传统教学模式的简单灌输和死记硬背，注重对学生的启发，为学生对教材的理解和内容的把握加以指引，使其在老师引导的基础上根据自己的理解加深对教材和内容的理解和把握。

（三）课程资源的开发者

教育目标和教育价值通过课程来体现和实施，课程是学校教育的重中之重。体育课程资源是一个相对崭新的概念和课题。体育课程资源是体育课程目标得以实现的重要基石。在高校体育教学中，教师作为开发课程资源的主要力量，其对体育课程资源的开发和利用关系到教学目标能否顺利实现。体育教师要结合学生的实际需要，加大对课程内容资源的开发，充分调动学生的积极性和主动性，鼓励学生积极投身到校外体育课程的开发中；还要充分利用各种媒体，不断充实和更新体育教学的内容。

（四）教学活动的组织者

教师是教育教学活动的组织者，即教师是教学资源分配（包括时间分配、内容安排、学生分组）和教学活动开展等的具体实施者。[①] 高校体育教学中，体育教师需要合理地分配体育活动与运动训练的时间，采取合理的体育活动方式，协调学生之间的关系，激发学生对体育学习的热情和动力。

（五）教学过程的监督者

在高校体育教学过程中，教师作为监督者通过有效的监督来达到体育课堂教学的目的，实现师生之间的协调和共同发展。体育教师要注意培养学生正直善良的品格、助人为乐的精神、坚强的品德意志、竞争意识以及团队合作精神，激发学生对体育学习的兴趣，唤起学生参与体育运动的主体意识，构建和谐的师生关系，促进师生之间的共同发展。

① 国秀丽，王娟，关钰，等.教师职业及教师角色调适 [J]. 高考，2018（27）：29.

第二节 高校体育教学主体之学生分析

高校体育教学要结合学生身心发展的特点，根据体育教学的实际发展，注重教学过程中学生主体性的发挥，注重其创新意识和实践能力的培养，充分调动学生体育学习的积极性，激发潜能，促进其全面发展。

一、大学生身心发展特点

大学生年龄大多为18~22岁，处于青年后期的发展阶段。这一阶段学生的生理发展已经基本成熟，具备成年人的生理特征，但其心理上还不够成熟，存在一定的延迟，需要在教师的引导下向着更加健康成熟的方向发展。大学生在身心发展方面具有以下特点，如图3–5所示。

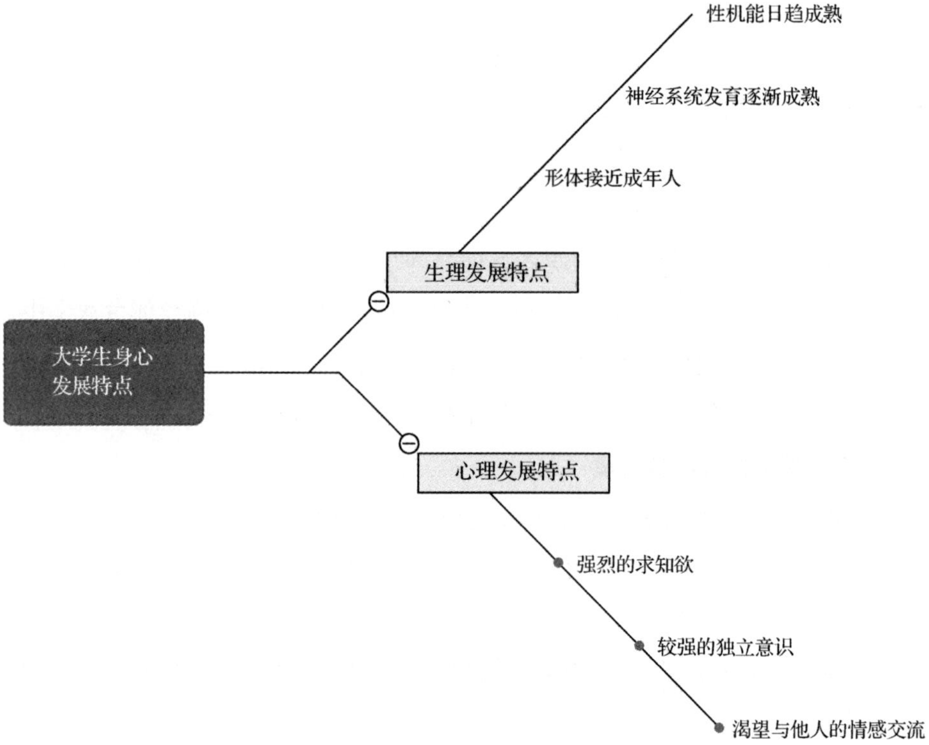

图3–5 大学生身心发展特点

（一）生理发展特点

大学时期，学生个体的生理发展已经基本完成，已经具备生理成熟的基本条件。

1. 形体接近成年人

低年级大学生已经经历了人生最后一个生长发育的高峰期，身高、体重、胸围、肩宽、头围、骨盆等外部形态逐渐转入缓慢发展阶段。体格、体型等已近似成年人，骨骼已基本骨化并坚固。

2. 神经系统发育逐渐成熟

大学生正处在脑细胞建立联系的上升期，经过教学训练，特别是专业学习，皮层细胞活动迅速增加，神经元联系增加，大脑皮层活动的数量增加，大脑发育逐渐成熟。

3. 性机能日趋成熟

青春期是个体生理发展的第二个比较大的飞跃期，个体的形体和神经系统高速发展的同时，性器官和性机能也逐渐成熟和完善，这时，男、女都出现了比较明显的性别特征。在这一时期，无论男性、女性都开始对异性产生好奇、爱慕、关注和吸引的情感。

（二）心理发展特点

大学时期，学生的心理发展趋于成熟，但是心理成熟明显落后于生理成熟，价值观、情绪等方面的发展尚未定型，存在各种不稳定因素。这一时期，大学生心理发展主要有以下特点：

1. 强烈的求知欲

对于大学生来说，大学生活是通往社会的一道门，只有用丰富的知识武装自己，将来才能在社会上大显身手。所以很多大学生十分珍惜大学四年的学习机会，对学习表现出极大的求知欲，主动思考和探究学习中遇到的问题，将对理想的追求转化为内在的求知动力。

2. 较强的独立意识

大学生进入大学以后脱离了父母的庇护，独立意识逐渐增强。很多大学生自愿投身于社团和社会志愿活动中，表现出日益强烈的社会责任感和使命感，除在学校学习专业知识之外，还通过锻炼自己独立处理问题的能力，提高自己的组织能力和社会交往能力，使自身得到全面发展。

3. 渴望与他人的情感交流

进入大学以后，许多大学生在学业方面的压力相比高中有所减少，拥有更多的时间去与人交往，增进友情和爱情方面的情感交流。同学之间的友谊能够促进大学生之间相互成长，增进彼此之间互帮互助，对大学生互助精神和稳定情绪的培养有很大帮助。另外，大学生对爱情充满向往，在情感方面与异性的交往能够促进他们情感的成熟。对于大学生的爱情观要给予正确的引导，使他们正确面对感情中出现的问题，培养正确的恋爱观和人生观。

二、学生在体育教学中呈现出的特点

高校体育教学应该立足现实，在考虑学生身心特点的同时，还应该考虑学生在体育教学中所呈现出的特点，把高校体育教学与学生的实际特点结合起来开展教学。学生在体育教学中主要呈现出以下几个方面的特点，如图 3–6 所示。

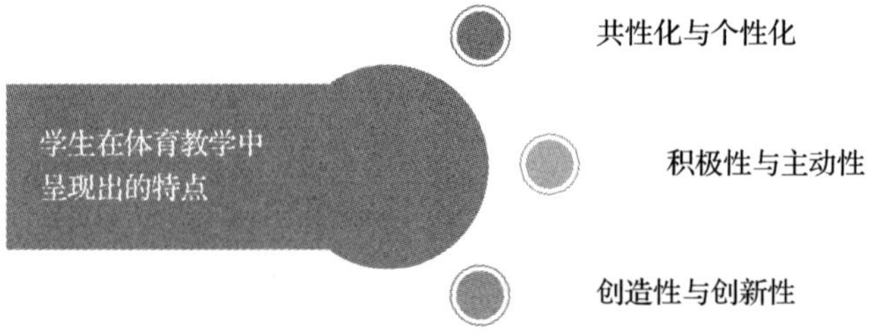

图 3–6　学生在体育教学中呈现出的特点

（一）共性化与个性化

高校体育教学的教育对象是全体学生，应该让每一位学生体验到运动的乐趣，身心得到全方位的发展。大学生群体在很多方面具有统一性，在体育教学中要注意学生所表现出来的共性化特点，教学内容、教学方法、教学评价等各个方面的设计要能满足大多数学生的需要，体现教育的公平性、统一性。同时也应该认识到在体育教学中，学生在年龄、性别、运动基础等方面都存在着个体差异，在尊重学生共性化发展的原则下，又必须充分重视学生的个性化特点，满足每一个学生个体体育发展的需要。尊重学生的个体差异，充分满足学生的体育爱好和需求，在学习方面给予学生最大的空间，才能进一步发挥学生学习的主动性和培养他们的创新精神。

（二）积极性与主动性

高校体育教学中，学生积极性与主动性的发挥对体育教学效果的提高具有积极的意义。如果学生对体育运动有兴趣，就会以饱满的精神主动参与到运动中去，表现出一种积极的态度。在体育教学中，要以实现学生的全面发展为目标，结合学生的兴趣爱好来确定教学目标、安排教学内容，充分调动学生的积极性和主动性，激发他们对体育运动的兴趣和积极参与精神，促进其终身体育意识的培养和良好习惯的养成。

（三）创造性与创新性

高校体育教学中，教师要善于发现学生在体育学习中表现出来的想法、个性与创造力。有特色的教学活动往往都充满了创造性与创新性，因此，体育教师要鼓励学生的新想法、新思路和新创造，这样才能培养出符合现代教育发展和素质教育要求的优秀人才。学生在体育学习中也要充分发挥学习的主动性，努力探究体育新知识和体育运动新技能，对学习中产生的疑问要有进一步探索的欲望，逐步培养主动创新精神和自主创新能力。

三、学生在体育教学中主体性的发挥

在高校体育教学中，要提高学生的健康水平，促进学生身心的全面发展，一方面要发挥教师的主导作用，另一方面要充分发挥学生的主体性，帮助其树立科学的体育观，提高体育教学的效果，促进素质教育的发展。

（一）学生主体地位的确立

在教学活动中，要强调学生在活动中的参与性，突出学生的主观能动性，激发学生对体育活动的兴趣，把个体活动与集体活动相结合，促进教学质量提高的同时强调学生的个体认知和发展。同时，高校体育教学中要给予学生一定的自由空间，学生的责任感往往产生于自主性活动，学生要在教学中成为真正的主体，就要拥有一定的自主权，自觉承担起相应责任。此外，在高校体育教学过程中，要做到从学生的实际出发，为学生的体育学习营造良好的环境，提倡师生平等和教学民主，只有使学生充分参与到体育教学活动中，才能从根本上确立学生的主体地位，有效提升体育教学质量和教学效果。

（二）以学生为主体的教学内容

高校体育教学内容的编排要结合学生的特点，从学生的实际发展和需求出发，在注重学生基本需求的同时，要兼顾学生高层次的成长需求，注重学生素质的提高和全面发展；既要注重学生体育理论知识的掌握，又要强调学生运动技能和实践创新能力的培养；在注重学生整体化发展的同时，兼顾学生个体间存在的差异，针对个体差异对教学内容做出相应的调整，在确立学生主体地位、确保学生个性化发展的前提下，合理有序地安排教学内容，组织教学计划的开展。

（三）以学生为主体的教学方法

高校体育教学的根本目的是提升学生的身体素质，提高其运动能力。在体育教学活动的开展中，教师应该运用多种教学方法有效地调动学生积极性，使学生广泛参与到教学过程中来。教师要针对学生的实际需求，优化教学方式方法，制订合理的教学计划，激发学生的学习热情和学习动力，引导他们形成自主学习和自主思考的能力，形成良好的体育学习习惯和体育运动习惯。高校体育教学方法的制定还要强化教学活动中教与学的双向互动，实现两者的有机统一，良好的教学方法能够调动学生和老师两大主体共同参与，实现良好的教学互动，使课堂气氛更加活跃，最终促成良好的体育教学效果。

（四）以学生为主体的综合评价体系

高校体育考核的重点是学生的运动技能掌握情况和身体素质，体育教学评价不能一味注重结果性评价，应该强化对学生学习过程的评价。要制定以学生为主体的评价体系，充分考虑学生在身体素质、先天条件等方面存在的差异，尽量通过学生的努力程度、课堂表现、技能测试等多项指标对学生进行综合性评价，并通过评价激发学生的运动热情，激励学生向更好的方向发展。

四、学生在体育教学中全面发展的实现

高校体育教学是学校教育的重要组成部分，通过锻炼学生身体达到促进学生全面发展的目的。健康是实现人的全面发展的基础，涉及身体的健康、心理的健康和社会适应能力等几个方面，高校体育教学对这几个方面的发展和提高具有明显作用，如图 3–7 所示。

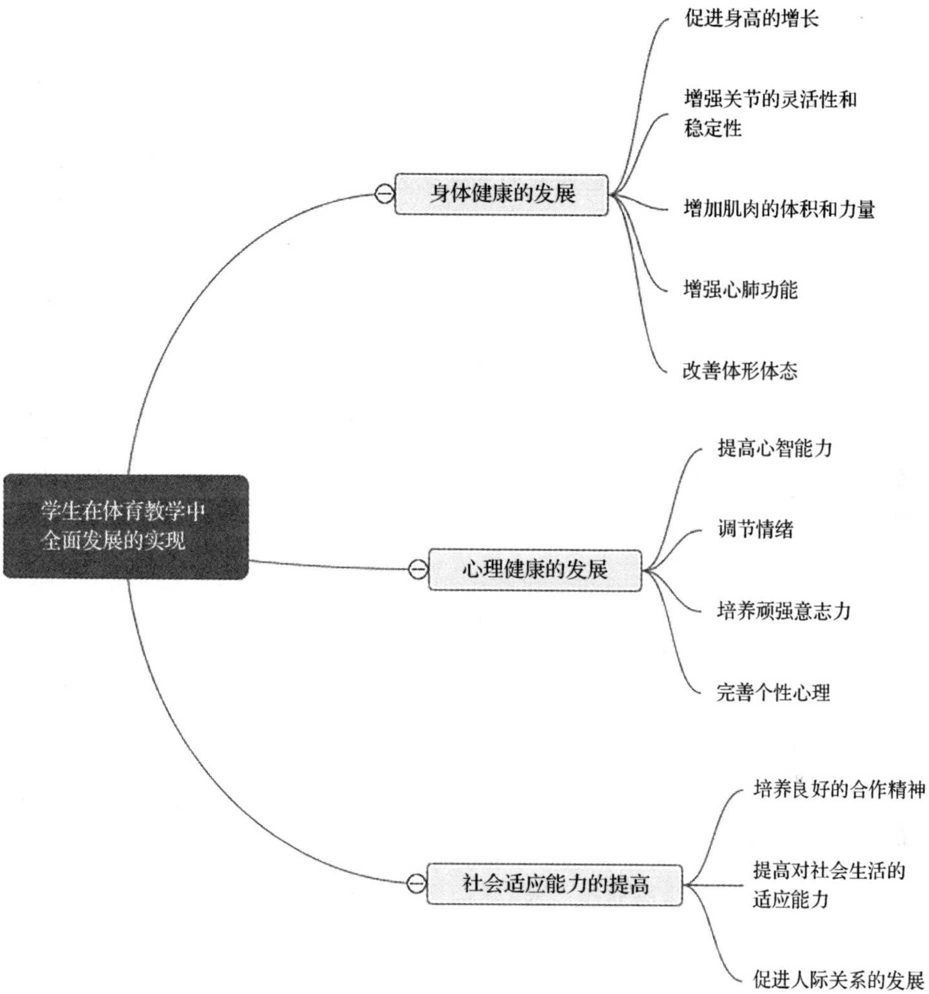

图 3–7　学生在体育教学中全面发展的实现

（一）身体健康的发展

身体健康是实现全面发展的基础，而体育锻炼是获得健康的最佳途径。高校体育教学以学生的身体锻炼为手段，帮助学生树立健康观念、养成健康行为和健康习惯，为终身体育理念的形成和拥有健康体魄奠定基础。

1. 促进身高的增长

人的身高和骨骼的发育水平具有直接关系。大学生在经历了青春期的发育高峰后，虽然骨骼的发育逐渐迟缓，但是骨化过程尚未结束，身高方面仍有较强的可塑性。高校体育教学中的体育活动，能够有效刺激人体新陈代谢，加快骨骼的新陈代谢，增强骨细胞的生长能力，使骨骼的长度增加、骨密度增大，从而促进大学生身高的增长。

2. 增强关节的灵活性和稳定性

关节是构成人体形态、连接骨骼的组织器官。体育运动能够增强关节周围肌肉的弹性和韧带的收缩性，使关节得到良好的锻炼，韧带和肌腱的柔韧性和力量都得到增强，关节的稳定性和灵活性得到了加强，从而使动作达到舒展大方、优美协调的效果。

3. 增加肌肉的体积和力量

肌肉是人体运动的动力器官，也是健美体形的外在组成部分。大学生这一年龄段肌肉的发展特点是由肌纤维纵向发展转向肌纤维横向发展。体育锻炼中肌肉不断伸缩可使肌球蛋白不断增加；可使肌肉储存水分的能力增强，有利于肌肉的氧化反应；可使肌纤维的供能中心线粒体数量增加，不易产生疲劳感；可使肌肉结缔组织增厚，肌纤维的数量增加和横断面增大，肌肉的力量增大，肌肉更结实丰满。

4. 增强心肺功能

体育锻炼能够促使人的心脏容积、肺容积逐步提高，有助于清除血中的甘油三酯、胆固醇、低密度脂蛋白和各种代谢毒素，脂质不容易在血管壁沉积，所以经常锻炼的人发生高血压、冠心病、动脉粥样硬化等的概率明显小于那些不锻炼的人。

5. 改善体形体态

体形主要是指全身各部位的比例是否匀称、协调、平衡、和谐，以及主要肌肉群是否具有优美的线条。体态主要是指整个身体及各主要部位的姿态是否端正优美。我国自古以来就很重视体态，强调一个人要站有站相，坐有坐相，俗话说“站如松，坐如钟”。体育运动中的科学训练能够对身体某些部位的生长发育产生巨大影响，从而有效改善人的形体形态。

（二）心理健康的发展

1. 提高心智能力

大学生在学习过程中，大脑一直处于兴奋的状态之中，通过体育运动能够有效缓解脑部疲劳，使相关的中枢神经得到休息；人体处于高度紧张状态时，身体就会产生应激反应，体育运动能够减缓应激反应，有利于呼吸系统、血液系统和神经细胞兴奋与抑制的交替，提高学生的工作效率。此外，大学生经常参加体育运动还有助于注意力、记忆力、想象力、思维分析等方面能力的健康发展，并使其情绪稳定、性格开朗、疲劳感下降等，这些因素对人的心智能力的发展具有促进作用。

2. 调节情绪

现代社会竞争日益激烈，压力和紧张情绪在大学生群体中普遍存在。经常参加体育运动能够有效调节情绪，运动时人体血液循环加快，内啡肽的释放能够分散人的注意力，消除抑郁、焦虑等不良情绪，提高自信心和成就感。同时，大学生进行体育运动时，可以忘却烦恼和痛苦，与同学共同参与体育活动时还能感受到人与人之间交往的乐趣，保持乐观、积极向上的情绪。

3. 培养顽强意志力

受到室外地理环境、气候条件等因素的影响，体育运动对学生的耐力和毅力都是一种考验，能够培养学生积极进取、吃苦耐劳、坚韧不拔、果断勇敢、持之以恒等优良品质。此外，完成一定的运动负荷不仅是对体能的一种锻炼，更是对意志力的一种磨炼。在体育竞赛中，学生通过参加比赛，挑战自己，战胜自己，使意志力得到提升，铸造良好的品格和习惯。

4. 完善个性心理

大学生在参加体育运动的过程中，需要遵守体育竞赛中的相关规则，自觉约束自己的行为，面对成功与失败、个人与集体、进取与退让等问题与选择；同时，通过活动增强团结、友善、合作、进取等精神，锤炼大学生的品德，形成积极的情感态度和价值观。总之，高校体育教学有助于大学生克服个性心理中消极的一面，形成良好的性格，完善个性心理。

（三）社会适应能力的提高

提高学生的社会适应能力是学校教育的功能之一。社会适应能力是个体在社会生活中与环境达到和谐关系所表现出来的个性特征，是一种根据社会生活中的变化及时反馈、随机应变地进行调节的能力。[①] 社会适应能力可以通过多

① 张志深．试论高校体育教学对学生社会适应能力的培养 [J]. 魅力中国，2021（34）：336–337.

种方式和手段进行培养和提高，高校体育教学是提高社会适应力的重要途径之一，其对大学生社会适应能力的提高主要表现在以下几个方面：

1. 培养良好的合作精神

高校教学中的体育活动，特别是集体性的体育活动，需要个体与他人之间互相配合、紧密合作，这样才能充分发挥集体中每个个体的作用，从而更好地完成和实现集体目标。现代社会中合作精神是非常重要的，一个人的力量再大，没有他人的支持和帮助也很难取得成功。合作精神和合作能力是现代人所必备的，特别是随着科学技术的快速发展，知识信息频繁更新，社会分工越来越精细化，一个人只有具备合作精神和团队意识，才能更好地完善自己知识结构，弥补自己能力方面的不足，实现个人、他人、团队的共同进步和发展。

2. 提高对社会生活的适应能力

首先，高校体育教学中的体育运动能够锻炼大学生的社会角色承担能力。在社会生活中，每个人都要承担不同的社会角色，在与他人交往过程中或不同的场景下，要结合环境做出适当调整，做出合乎角色的恰当反应，这是社会适应能力的基本要求和重要表现。在篮球比赛、足球比赛等体育运动中，个人也需要承担相应的角色，遵守相关的体育规范，在权利的行使和义务的约束下完成体育角色的行为。完成体育角色行为有利于大学生自觉养成遵守社会行为规范的意识，打下干好自己本职工作的思想基础，更好地适应将来的社会生活。其次，社会节奏的加快要求人们具备对快节奏生活的适应能力。经常性的体育锻炼和体育运动，有利于提高人们动作的协调性和敏捷性，增强对神经系统和心脑血管系统的锻炼，无形中提高人体对快节奏生活的适应能力和应变能力。

3. 促进人际关系的发展

高校体育教学中的体育运动大多以集体运动为主，这就为大学生人际关系的发展创造了良好条件。集体活动往往需要两个以上的人组成一个团体来共同进行体育学习或体育运动，在这个过程中，同学们之间互帮互助、相互合作，面对遇到的困难和问题共同商讨、共同解决，沟通能力和人际关系能力在无形之中得到了提升。同时，集体运动中团队成员之间的团结协作能增进彼此之间的感情，形成相互谅解、相互宽容、相互信任和相互激励的氛围，个人在团队中能够得到他人充分的认可和尊重，有利于人际交往的开展和人际关系的适应。良好的人际关系不仅是大学生活中不可或缺的一部分，而且能为将来走向社会人际关系的建立和事业的成功打下良好的基础。

第三节 高校体育教学中“教”与“学”的协同发展

高校体育教学倡导以学生为本的思想理念，要重视“教”与“学”协同发展和新型师生关系的构建，要重视体育教学过程中师生的关系互动、教师的发展、学生的发展和良好师生关系的构建。

一、新型师生关系下师生的互动

教师的“教”与学生的“学”是紧密结合在一起的，“教”与“学”共同构成了高校体育教学活动。在高校体育教学中，教师的主导性和学生的主体性共同构成了师生之间的新型互动关系。老师和学生之间既相互尊重和信任，又相互促进和帮助，实现思想感情和精神追求方面的双向交流，形成一种相辅相成、互为依存的关系。

在体育教学实践中，要发挥好教师的主导性和学生的主体性，有效促进师生之间的交流和互动，形成融洽的课堂气氛。体育课堂教学中，如果体育教师的主导性发挥得不好，课堂教学就会呈现出混乱、无序的状态，学生很难掌握和抓住课堂重点，很难达到理想的教学效果；同样，学生的主体性在体育课堂教学中如果发挥得不好，缺乏对学习的主动性和积极性，课堂教学效果也无从谈起。素质教育强调学生的主体地位，重视学生主体性的发挥，主张学生在体育学习中充分发挥积极性和主动性，在师生互动融洽的氛围中学习体育。学生主体性的发挥和体育教师的主导地位两者并不矛盾，而是紧密联系、相辅相成的。在体育教学中，教师的主导性越强，学生的主体性就发挥得越好；反之，教师的主导性弱，学生的主体性就得不到很好的发挥。

体育教学中教师要明确教学目标，根据学生的特点和爱好兴趣来设计体育教学内容，激发学生的学习动力，充分调动学生的积极性和主动性，营造师生之间的融洽气氛；学生在体育教学中要积极发挥主动性，对不理解不明白的问题主动提问，积极参加体育互动，活跃课堂气氛，师生彼此之间相互配合完成教学目标、提升教学效果。

二、新型师生关系下教师的发展

在新型师生关系下教师需要以更严格的标准来要求自己，不断提高自己的专业水平。一个优秀的体育教师教给学生的不仅是体育运动的技能和方法，更重要的是树立学生对体育的正确认知，明白体育运动对其发展的价值和意义，帮助他们形成正确的价值观和终身体育锻炼的理念。新型师生关系下教师的发展主要体现在以下几个方面，如图 3-8 所示。

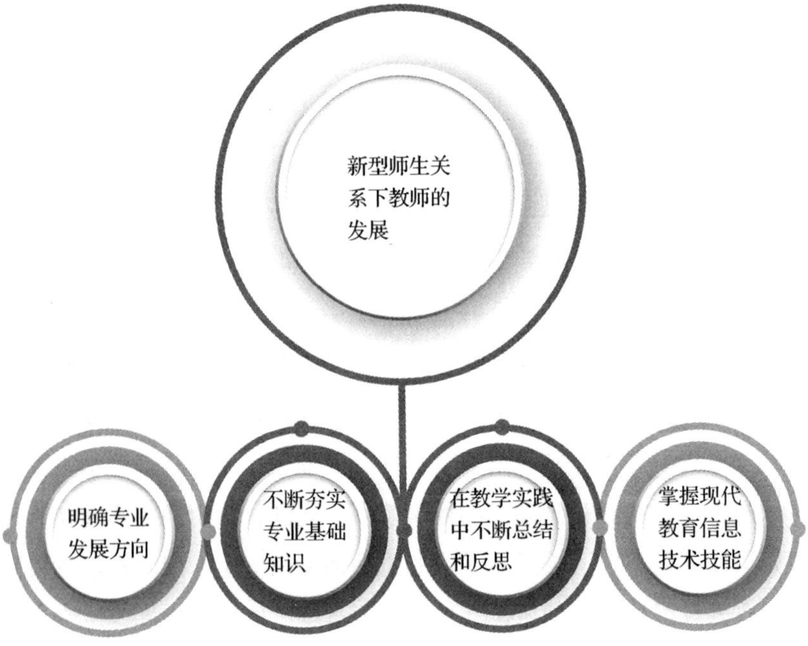

图 3-8　新型师生关系下教师的发展

（一）明确专业发展方向

高校体育教师要主动学习现代教育教学理论，掌握教育教学方面的最新学科动态和科研理论。在体育教学实践中，要正确分析体育教学的环境和趋势，结合自己的发展目标，把握教育教学的最新方向和理论动态，明确自己专业发展的方向和目标。

（二）不断夯实专业基础知识

体育教学活动一般是在开放、动态的教学环境中进行的，具有体育理论知识与体育技术能力并重的学科特点，这就要求体育教师在教学中既要掌握丰富的理论知识和原理方法，又要注重对体育技术技能的熟练掌握，能够系统、全面、透彻地了解体育学科领域的基础理论，并将其与技术技能的教学有机结合起来，为专业化发展打下坚实的基础。

（三）在教学实践中不断总结和反思

体育教师所学的理论知识和技术知识需要在教学实践中接受检验，教学实践也是教师获得专业化成长的重要途径之一。在教学实践中，体育教师要结合遇到的问题不断进行反思和总结，善于发现学科理论方面的新问题、新观点，用理论来指导实践，不断总结、创新、升华，摸索出适合教学和学生发展的新方法。对教学实践中的精彩之处和失误疏漏都要进行反思和总结，对失误疏漏要找出具体原因并进行深入剖析，及时查漏补缺；对教学精彩之处也要及时进行记录，以便在以后的教学中进行借鉴，拓宽教学的思路。

（四）掌握现代教育信息技术技能

随着科技的发展，现代教育信息技术在教育教学中的应用日益广泛，对高校体育教学而言，现代信息技术的融入能够弥补教师课堂教学中的不足，辅助教学活动的开展，提高体育教学的质量和效率。例如，体育教师在讲解关于人体运动动作的运行轨迹的时候，可以借助现代教育信息技术，利用三维立体技术精确地制作出动作运行轨迹图，让学生清晰、直观地感受，帮助学生理解运动过程中身体的动作顺序，加深对动作的理解和掌握。

三、新型师生关系下学生的发展

高校体育教学中，学生要积极培养对体育运动的兴趣，积极主动地参与体育教学的全过程，在学习过程中，大胆质疑，勇于创新。新型师生关系下学生的发展主要体现在以下几个方面，如图 3–9 所示。

（一）培养兴趣，积极参与体育运动

俗话说兴趣是最好的老师，在高校体育教学中，学生要主动培养自己对体育运动的兴趣，把自己当成学习的主人，主动参与到体育教学过程中，使自己

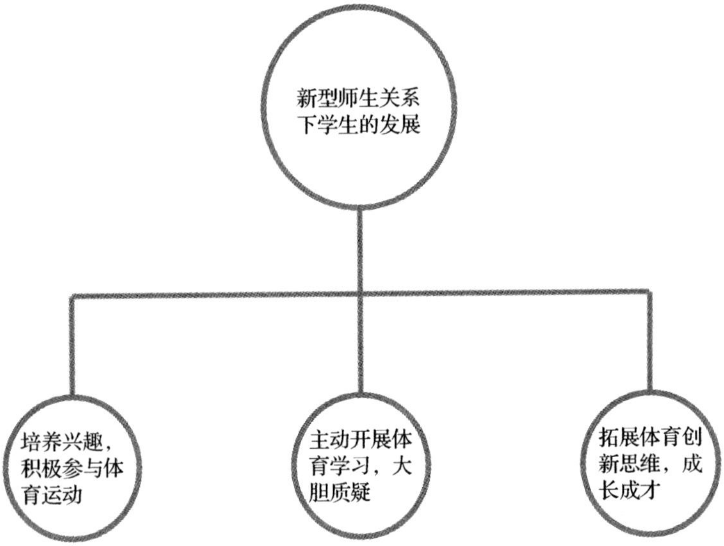

图 3–9　新型师生关系下学生的发展

的知识和能力在参与体育学习的过程中得到全面发展和提高。学生只有积极主动地参与学习，才能促进自身的主动发展、全面发展和学习效果的有效提高。

（二）主动开展体育学习，大胆质疑

学起于思，思源于疑。疑问是学生思维的火花，探索知识的思维过程需要在疑问中提出问题，在解决问题中得到发展。学生在高校体育教学中要发挥主动性，大胆质疑。质疑精神能促进学生思维方法的进步，加深对体育知识和体育技能的理解。体育教师要积极营造民主和谐的学习氛围，在教学中鼓励学生提出不同的见解，多采用启发式和引导式教学，激发学生对体育学习的好奇心和求知欲，给予学生充分的思维空间。

（三）拓展体育创新思维，成长成才

创新是一种学习的过程，需要在技术知识不断积累的基础上才能实现。学生在掌握扎实的体育基础知识和基本功之余，要学会用创新的思维和方法对学习过的知识进行温习和审视，实现知识的优化重组，进而建立新的认知方法、形成新的认知理论。体育教师要善于倾听、勤于启发，对于学生要循循善诱，引导学生独立思考，培养学生的创新意识和创新能力。学生创新能力的培养是一个长期而复杂的过程，需要学生与老师共同的努力和坚持。学生在体育教学

过程中要善于发现、探索、创造，不断拓展自己的创新思维，在创造的过程中不断进步、成长、成才。

四、良好师生关系的构建

高校体育教学倡导以学生的发展为本，建立良好的新型师生关系。师生关系是一种特殊的社会关系和人际关系，良好的师生关系有助于教师的主导性和学生的主体性的有效发挥，有助于教学任务的顺利完成。良好师生关系的构建需要从以下几个方面着手：

（一）教师与学生之间建立良好的沟通渠道

社会是一个群体，人与人之间要进行交流和沟通，社会才得以向前发展。高校体育教学也是一样，在体育课堂上，教师和学生之间也需要进行彼此交流和沟通。良好的沟通在高校体育教学中具有重要的作用，它是教师与学生之间互动的桥梁。沟通是良好师生关系构建的前提和必要条件，师生之间科学有效的沟通渠道的建立，有利于营造民主、平等、和谐的课堂气氛和建立良好的师生关系，有助于激发学生的学习积极性和潜能。

作为一名优秀的教师，除了要掌握必要的教学能力和教学方法外，还要掌握科学的沟通艺术。科学的沟通艺术是教师打开学生心灵之门的钥匙，是构建新型师生关系、实现学生健康全面发展、提升教学效果的关键因素。作为体育教师，应该从自身做起，想尽一切可行的办法，帮助学生的身心压力得到最大的释放。为学生创设一切可能的条件，促使他们启迪智慧、主动探究、强壮体格，充分尊重学生的主体地位，让学生成为学习的真正主人。

（二）教师要尊重和热爱学生，营造和谐的课堂氛围

良好的师生关系建立在教师和学生人格平等的基础之上，它的核心是师生之间心理上互相接纳、感情上互相交融。高校体育教师要发自内心地热爱学生，充分了解他们的身心发展规律，选用适合的教学内容、教学方法和体育活动寓于教学之中。教师要真切关爱每一位学生，使学生对教师产生由衷的热爱之情，积极主动投入到体育学习中。

在具体的教学活动中，教师要做到对学生一视同仁，公平公正地对待每一个学生，在思想和感情上不能有亲疏远近之别，特别是对于体育成绩不太理想

的学生，老师的区别对待会造成师生之间的隔阂和矛盾。要帮助学生正确认识教学中出现的问题，不能简单粗暴地批评，要婉转指出并帮助其改正错误。对于学生的优点和进步，一定要多加肯定和鼓励，增强学生对体育学习的信心和动力，营造积极和谐的课堂气氛。

（三）合理运用体育游戏，拉近师生之间距离

高校体育教学中，体育游戏的合理运用能够活跃课堂教学气氛，发展学生的个性，提高体育教学的实效性。体育教师可以通过精心设计将教学内容融入到体育游戏之中，充分利用体育游戏来促进学生对体育知识和体育技能的掌握；也可以引导学生自己组织策划体育游戏，开发学生的思维创新能力，有效促进学生的全面发展和终身体育理念的培养。

体育游戏是自主教育的很好体现，学生在体育游戏中的表现完全是发自内心的。丰富多彩、形式多样的体育游戏使学生在游戏中斗智斗勇，培养团结友爱、关心集体的精神。活动的欢乐氛围能调动学生的积极性、主动性，让学生全身心投入到练习之中，使同学们在轻松、愉快的活动中达到了体育锻炼的目的。教师这时参与到游戏中去，和学生一起游戏，师生关系自然而然也会融洽起来。

第四章　提质·高校体育教学内容创新发展

第一节　高校体育教学内容简述

体育教学内容在高校体育教学中不可或缺，它是教师进行体育教学的主要参考。高校体育教学内容十分丰富、知识点繁多，体育教学工作者只有对体育教学内容充分了解和掌握，才能保证高校体育教学工作的顺利开展。高校体育教学内容是为了达到教学目标而选用的体育知识和技能的体系，是体育教师与学生之间进行联结与实现信息交流的重要纽带，也是体育教学目标能够实现的关键要素。

一、体育教学内容的定义阐析

关于体育教学的定义许多专家学者提出了自己的看法。潘绍伟、于可红认为，体育教学内容是体育教学中传授给学生的体育基本知识、技术、技能的总称，包括身体练习及体育基本知识两大类。[①] 沈建华、陈融认为，体育教学内容是指在体育课程目标和体育教学目标的指导下，在体育教学过程中选择的各种体育与卫生保健知识、技术技能及方法的总称。[②]

综合以上观点，可以将体育教学内容的定义表述如下：体育教学内容指的是在体育教学大环境下，教师以教材为基础，根据体育教学目标和学生实际需

① 潘绍伟，于可红 . 学校体育学 [M]. 北京：高等教育出版社，2008.

② 沈建华，陈融 . 学校体育学 [M]. 北京：高等教育出版社，2010.

求进行课程选择，并结合教学实践进行一定加工，传授给学生的体育知识、技术技能等的总称。

二、高校体育教学内容的特点

高校体育教学内容是在对大学生的身心发展特点进行充分研究的基础上确立的，能够对大学生的身心发展起到积极的促进作用。高校体育教学内容与其他学科存在根本区别，其教学内容多呈现娱乐、竞技等形式，但是与单纯的竞技运动又有所不同。高校体育教学内容的特点主要表现在以下几个方面，如图 4–1 所示。

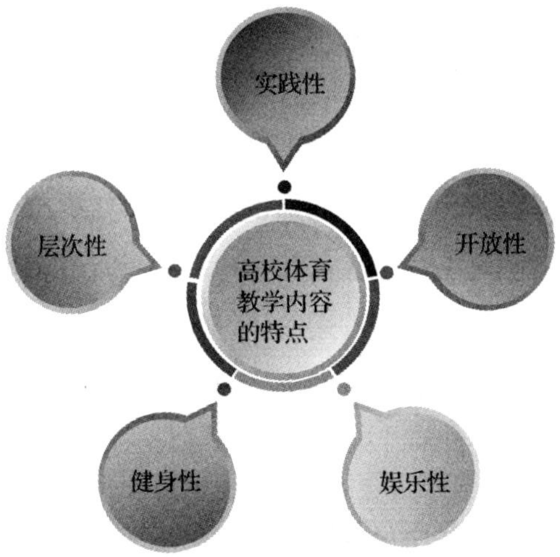

图 4–1　高校体育教学内容的特点

（一）实践性

高校体育教学内容以身体锻炼、身体练习、运动技术与技能学习、教学比赛等组织形式为主，身体活动是这些教学内容的共同特征。身体运动的实践性是体育教学内容的突出特点之一。这里的实践性是指绝大部分体育教学内容都与由骨骼支持的身体运动实践紧密相关，学生必须亲身参与这种以大肌肉群的运动为特点的教学内容。高校体育教学内容中的体育知识学习和道德培养，也必须通过运动过程和体育学习情境，通过运动中的本体肌肉感觉和情感体验才能最终获得，这是与其他学科教学内容最根本的区别。

（二）层次性

依据教育认知规律，高校体育教学内容在层次上呈现出一般性理论知识与实践、基础性理论知识与实践、专门性理论知识与实践三个层次的递进关系。

一般性理论知识与实践主要指的是包含体育整体概念的知识和运动实践。例如，跑的基础理论知识以及跑对人体生理机能的影响等常识性内容介绍；运动实践一般包括直线跑、曲线跑、向前跑、向后跑等各种跑的运动形式。基础性理论知识与实践是指体育教学内容中基础的概念、知识和运动实践，例如，跑的分类及要求等理论知识，以及健身跑、跨栏跑、越野跑等实践内容。专门性理论知识与实践主要指的是专门性的体育理论知识以及运动实践，例如，对健身跑的理论知识的专门介绍，在强度、时间、自我监控等方面的具体要求，实践内容方面主要包括对专门运动的技术练习。

高校体育教学内容呈现出由一般到具体、由宽泛到专门、由整体到细节的层次性特点，遵循教育认知规律，符合大学生身心发展的特点，有助于学生对教学内容的理解和把握，保证了教学内容的规范性和科学性。

（三）健身性

高校体育教学的直接目的就是增强学生的体质，使每一位学生都能拥有健康的体魄。高校体育教学的内容大部分是以身体大肌肉群的运动为主的练习，会对学生身体形成一定的运动负荷。教学内容中运动负荷的大小、运动时间的安排等都是根据学生的身心特点合理设计的，能够有效促进学生的身体健康，激发他们身体内部的潜能，最大限度地发挥高校体育教学强身健体的作用。

（四）娱乐性

高校体育教学内容来源广泛。例如，武术来源于古代军营；体操、体育舞蹈等来源于艺术；跑步来源于我们的日常生活。这些多样化的体育运动能够极大丰富大学生的生活，使他们的身体得到锻炼的同时心理也能够得到放松，具有很强的趣味性和娱乐性。同时，高校体育教学内容中还包含一些竞技性运动项目，这些运动项目能够使学生在参与过程中获得竞争、团结、挑战、超越等心理经历和情感体验，从而产生愉悦的情绪和审美体验，并且这种运动乐趣会进一步转化为学生体育学习和体育锻炼的动力。

（五）开放性

高校体育教学内容与其他教学内容相比具有明显的开放性。高校体育教学内容多以体育运动和体育竞赛等集体活动的形式来展现，这种人际交流和形式方面的开放性，进一步促进了教学过程中师生关系、学生与学生之间关系的融洽、和谐。体育教学内容多以分组形式来进行，学生在小组内有更明确的分工，在体育活动中各种角色之间有更多的变化。此外，高校体育教学内容的选择方面也体现了开放性的特点，教学内容突出学生的主体性发展，依据学生的需求及时更新、改革。对于部分教学内容，学生可以结合自己的兴趣和爱好自由选择。

三、高校体育教学内容的发展趋势

高校体育教学内容随着社会经济和学校教育的发展而不断创新，呈现出了以下几个方面的发展趋势，如图 4–2 所示。

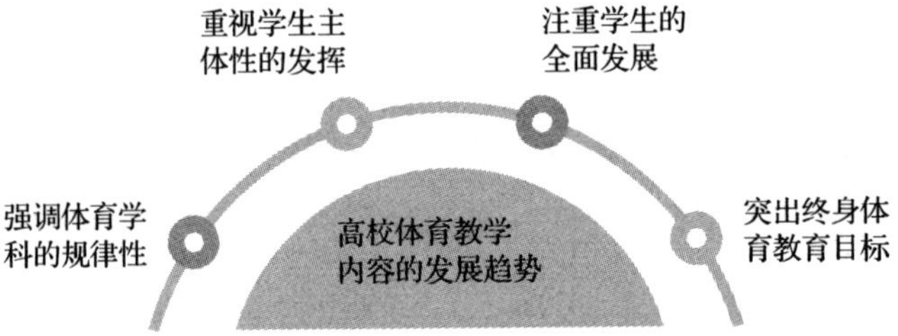

图 4–2　高校体育教学内容的发展趋势

（一）强调体育学科的规律性

体育运动技术的学习是一个循序渐进的过程，体育学科也有其内在的规律性，高校体育教学内容必须遵循体育运动和体育学科的规律。这些规律主要表现为从感性到理性的认知规律、运动负荷变化与控制的规律、从泛化到分化的技术规律、从失败到成功的情感规律以及从个体到集体的社会规律等。高校体育教学内容只有遵循这些规律，才能提高体育教学的效果。

（二）重视学生主体性的发挥

随着以学生为中心的教学理论的发展，传统意义上的师生关系逐步发生变化，新型的师生关系逐步建立。相应的高校体育教学内容也发生了很大的改变，在对体育教学内容进行设计的时候，应充分重视学生主体性的发挥，优先考虑学生的发展和实际需求，让学生有更多的选择权。

（三）注重学生的全面发展

传统体育教学内容多注重学生身体素质的提高，随着高校体育教学内容的改革，当前的体育教学内容在注重学生身体素质提高的同时还主张学生身心各方面都能够获得全面的发展。体育教学内容的设计方面越来越注重对学生学习兴趣和学习热情的激发，强调丰富学生的创新思维、培养学生的创新能力。随着体育教学内容越来越丰富，瑜伽、攀岩、冲浪等新兴体育项目的引入在满足学生爱好与渴望的同时，对促进学生心理健康、培养学生体育意识、增强学生社会适应性等方面都具有积极作用，有利于学生人格的健全和全面发展。

（四）突出终身体育教育目标

终身体育就是使体育伴随人的一生，实现对人的身心发展、社会发展、文明发展的促进作用。体育教学内容要围绕着终身教育的目标来设计。高校体育教学的内容允许学生有较大的选择余地，将启发式教学和指导式教学相结合，有利于发挥师资、场地和器材优势，有序地扩展课程内容的广度和深度，也就是说让学生按照自己的兴趣和爱好选择合适的体育运动，在运动中享受其中的乐趣，并不断提高、持之以恒，实现终身体育教育的目标。

第二节　高校体育教学内容的合理设计

体育教学内容是开展一系列体育教学活动的基础，也是实现体育教学目标的重要载体。高校体育教学内容是一个包括体育理论知识和体育实践在内的知识技能体系。

一、高校体育教学内容的主要构成

高校体育教学内容主要由体育理论知识和体育实践两大部分内容构成，如图 4-3 所示。

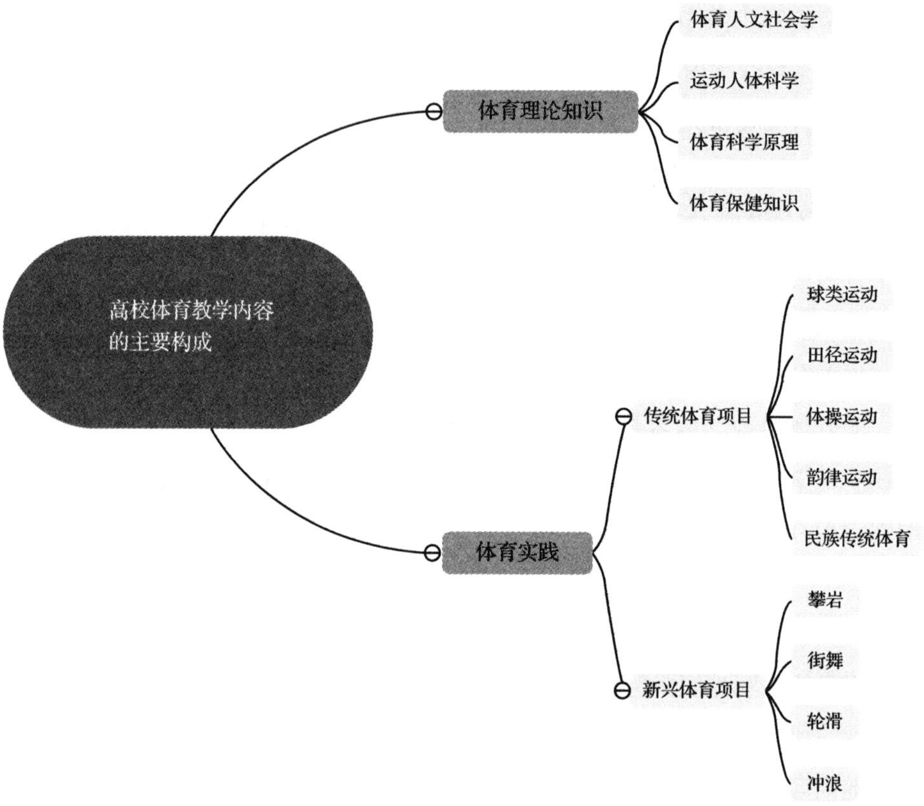

图 4-3　高校体育教学内容的主要构成

（一）体育理论知识

体育理论知识是高校体育教学的基础内容，教学过程中体育实践需要体育理论知识的指导才能科学开展。体育理论知识主要包括体育人文社会学、运动人体科学、体育科学原理以及体育保健知识等基础知识。

学生通过对体育运动原理、健身知识、保健方法等理论知识的学习，能够对体育有一个更为全面和深刻的认识，以便自觉主动、科学合理地开展身体锻炼和运动实践。学生通过对一些基本的保健方法的学习，对身体健康的重要性形成一个比较全面的认识，能够解决在现实生活和运动实践中遇到的相关问题。

（二）体育实践

体育实践是高校体育教学的主要内容。体育学科与其他学科存在根本的区别，它的教学形式以实践课为主，通过学生广泛参与各种运动实践，开展各种形式的身体练习，达到增强体能、掌握运动技能、提高身体素质、促进全面发展的目的。

1. 传统体育项目

（1）球类运动。高校体育教学球类运动主要包括足球、篮球、排球、乒乓球、羽毛球、橄榄球、网球等多个项目。通过对球类教学内容的学习，学生能够认识和了解球类运动项目的发展历史、赛事组织、赛事规则、裁判方法等相关知识，掌握具体球类项目的基本技术和运动技能。由于球类运动项目种类繁多、内容丰富，在具体教学内容的学习过程中，教师要充分考虑学生的兴趣、爱好开展教学；此外，球类运动的技术、战术是相互依存、相互制约的关系，体育教学内容中要注意两者的结合，教师要注意教学方法的科学选用，以便学生全面、准确地把握教学内容。

（2）田径运动。田径运动与人的走、跑、跳、投等基本活动能力有密切的关系，被誉为“运动之母”。田径运动是高校体育教学的基本内容，也是学习其他体育运动项目技能的基础。田径运动的教学内容与人类的生产、生活、工作等实用生活技能直接联系，其多种游戏与竞赛手段也有利于学生克服障碍，提高身体素质，培养学生参与社会竞争与协作的心理素质。在学习运动的过程中，学生应了解田径运动文化、掌握田径运动特点与规律，为开展田径运动奠定理论知识基础和运动技能基础，并为学习其他运动夯实体能基础。

（3）体操运动。作为世界上较早出现的体育运动项目之一，体操运动很早就形成了自己的运动体系。体操运动是很多其他体育运动项目的基础，十分适合作为学校体育教学的内容，它能锻炼学生个体的力量性、协调性、灵活性和平衡性。体操运动的教学内容十分丰富，包括运动技巧、支撑跳跃、单杠、双杠等。教师在设计体操运动教学内容时要综合考虑学生生理、心理和竞赛能力等多方面的因素，坚持循序渐进的原则，逐步加大练习的难度，使学生技能得到切实提高。学生通过对体操教学内容的学习，应该充分了解体操运动文化和发展历史，掌握比较常见的体操运动技能和相关比赛竞赛规则等，并通过体操运动的学习来促进体能的发展和体态的改善。

（4）韵律运动。高校体育韵律运动的教学内容主要包括健美操、体育舞蹈、艺术体操等。通过韵律运动教学内容的学习，能够对韵律运动项目的基本特征有所了解和把握，掌握韵律运动的一些基本动作、基础的健美运动技能以及韵律运动的规则规范等内容。体育教师在组织教学时，应该着重教授学生舞蹈、音乐理论基础知识，提高学生的审美能力和创造美的能力，使学生了解不同韵律运动的运动文化、运动特点、运动规律，并能通过肢体语言进行艺术化表达。

（5）民族传统体育。民族传统体育在我国历史悠久、源远流长，是我国优秀传统文化的重要组成部分，通过高校体育教学可以使民族传统体育得到更好的传承与发扬。通过高校民族传统体育教学，让学生深入了解我国丰富的民族传统体育文化历史、体育哲学思想、体育价值观、体育养生观，并掌握一些民族传统体育运动项目的健身内容、方法，通过中华武术、少数民族传统体育项目、民俗体育运动等的训练，有效提高体能素质、心理素质，掌握必要的养生保健、技击防卫等方法与技能。此外，高校民族传统体育教学，要充分重视对学生进行爱国教育，使学生了解中华民族的礼仪文化、道德风尚，培养学生的爱国精神和民族自尊心，促进我国民族传统体育及其文化的传播、传承。

2. 新兴体育项目

随着社会的不断发展和人们生活水平的日益提高，攀岩、街舞、轮滑、冲浪等新的体育项目逐渐兴起。这些新兴体育项目具有较强的健身性、娱乐性、休闲性和社交性，有助于高校体育教学内容的完善和优化。新兴体育项目既不同于篮球、足球、排球等球类运动项目那样强调集体和分工，也不同于体操、跳水等运动项目那样严格要求和规范，这些新兴体育项目的“新”更多代表的是新潮的运动风格，不单纯注重胜负与竞技，而是更加注重运动过程中的享受与表演，全面展现文化潮流和文化风貌。开展新兴体育运动项目教学时，一定要严密组织，做好相关安全性工作。

二、高校体育教学内容的编排

（一）高校体育教学内容编排的原则

高校体育教学内容在编排时要充分考虑不同内容之间的逻辑关系，不同的教学内容之间逻辑顺序的安排要符合学生身心发展特点，能够充分体现体育教学的教学目标，以便促进学生对体育知识和体育技能的学习和接受。

1. 注重教学内容之间的内在逻辑顺序

高校体育教学内容项目繁多、内容丰富，教师在对不同的教学内容进行编排的时候，要充分重视它们之间的逻辑关系，结合学生的认知规律，由浅入深、由易到难、循序渐进安排教学内容。

2. 符合学生身心发展特点

高校体育教学内容的编排要符合学生身心发展的特点，促进学生身心健康发展，培养学生良好的运动习惯，帮助其树立正确的健康观念和体育理念。

3. 充分体现高校体育教学目标

高校体育教学目标是保证教学正常开展和实施的前提，高校体育教学内容的编排要以体育教学目标为本位，有利于学生主体性的发挥，符合学生的实际情况，切实考虑学生的实际需求以及所要达到的教学效果。

（二）高校体育教学内容编排的模式

高校体育教学内容编排的模式主要有螺旋式排列和直线式排列两种。螺旋式排列模式指的是某一运动项目的教学内容反复出现在不同年级，但在学习程度方面知识和技能逐步递进和深化。直线式排列模式指的是某一体育项目的教学内容出现过以后不再重复出现。

在体育教学内容的编排中，要充分考虑循环周期来合理安排其教学内容的学习。螺旋式排列和直线式排列两种模式能够很好满足教学要求，具有很强的实用性，能够结合高校体育教学发展的实际，将各个方面的内容创新地结合起来。

（三）高校体育教学内容编排的方法

高校体育教学内容编排的方法主要有以下几种，如图 4–4 所示。

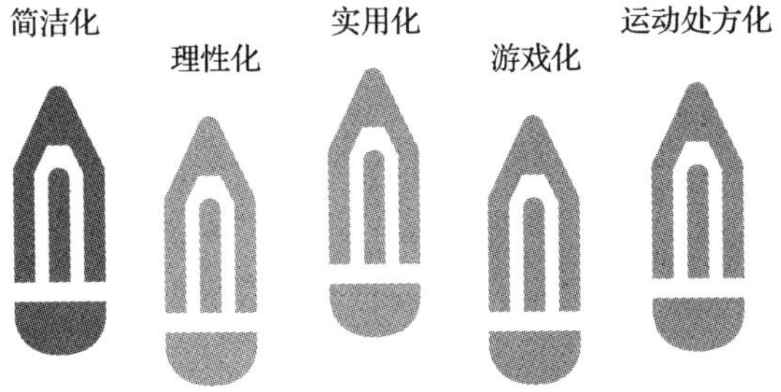

图 4–4　高校体育教学内容编排的方法

1. 简洁化

简洁化指的是在高校体育教学内容编排中，将高水平竞技运动项目在技术、器材、场地以及竞赛规则等方面进行相应的简洁化，使其更符合高校体育教学的相关要求，更有利于体育教学活动的开展。这种简洁化的方法在高校体育教学内容编排中较为常见，它能够使教学内容与学校的实际、学生的实际需求以及教师的能力等各方面更加匹配，使体育教学内容更具有可操作性。

2. 理性化

理性化主要是通过对各种运动项目所包含的各种运动原理和知识等进行充分的挖掘，并将其组织安排在教学过程中的一种教材化方法。这种方法适用于对具有一定体育基础的学生的体育教学。

3. 实用化

实用化就是使教学内容与实用技能相结合。将体育教学内容与日常生活相结合，可以在教学内容中加入野外活动场地相关场景，增加运动的惊险性和刺激性，激发学生的学习兴趣。尽量使教学内容与现实生活和学生的各种需求相结合，增加教学内容的趣味性，提高学生的学习兴趣。

4. 游戏化

很多体育教学内容如跑、跳、投、体操、游泳等运动项目都比较枯燥。因此还要对教学内容进行一定程度上的改造，而常用的方法就是游戏化方法。这种方法是将这些单调的运动用“情节”串联成游戏，提高参加者的兴趣，而同时又不会在很大程度上改变练习的性质，依然可以很好地达到增强练习效果的作用。

5. 运动处方化

运动处方化方法是指以遵循运动原理为基础，对运动的强度、重复次数、速率等因素进行组合排列，并以学生不同的需求为根据，生成处方来进行体育锻炼和教学。这是一种不可或缺的方法，能够教会学生运用运动处方锻炼身体。

（四）高校体育教学内容编排的注意事项

在对高校体育教学内容进行编排时，要综合考虑多方面的因素，尤其要注重以下两个方面的考量：

1. 充分考虑学生的体育基础和实际需求

高校体育教学内容要充分考虑学生的体育基础，在难易程度上要有所把控，教学内容要全面化、多样化，突出体育的健身性、娱乐性、实用性等特点，调动学生体育学习的积极性和主动性，满足个体、全体以及社会发展的需要。此外，体育教学内容要更好地符合学生的实际需求，促进体育教学质量的不断提高，应使体育教学的内容与学生的实际情况和实际需求相适应，依据学生的实际需求、体能和运动技能基础以及其发展阶段特征等进行体育课程内容的安排。

2. 注意教学内容的时代化和人文化

在编排体育教学内容时，要结合时代发展的需要，把体育新知识、体育新技能纳入体育教学内容，这些具有时代特征的体育内容能够吸引学生参与体育运动的热情。此外，高校体育教学内容要注重对学生体育人文精神的培养。在编排体育教学内容时，要把奥林匹克知识和奥林匹克精神等内容融入到教学中，进一步提高学生的体育人文素养。

三、高校体育教学内容的选择

体育教学内容对整个体育教学过程都有着非常大的影响，它将教师与学生连接在一起，促进他们之间信息的有效沟通。高校体育教学内容的选择需要符合一定的依据和遵循一定的原则，如图 4–5 所示。

（一）高校体育教学内容选择的依据

1. 体育课程目标

体育课程目标的设置是高校体育教学工作的中心环节。在对高校体育教学内容进行选择时要紧紧围绕体育课程目标这一中心，对备选的内容进行严格筛查和挑选，寻找合适的内容。

2. 学生身心发展规律

学生是体育教学的对象，在高校体育教学中处于主体地位。高校体育教学内容要以促进学生的身心发展为目的，符合学生身心发展的规律。学生的特点决定了教学内容的选择，教学内容的选择绝不能忽视学生身心发展的规律和特点。

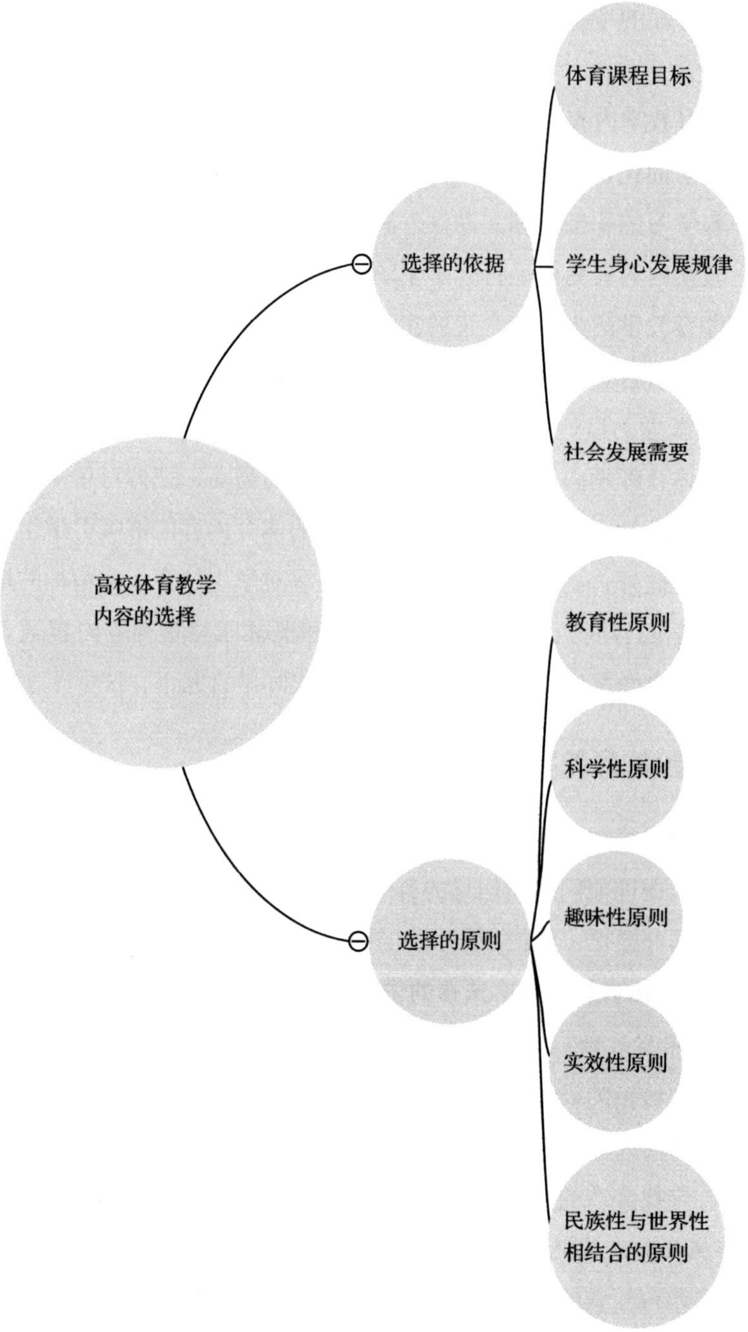

图 4–5　高校体育教学内容的选择

3. 社会发展需要

高校作为教育系统的组成部分，旨在培养社会发展需要的高素质人才。因此，高校体育教学内容要充分考虑社会发展的需要，注重实用性和终身性。体育教学内容的选择要尽量满足学生社会发展多方面的需求，符合社会实际发展状况，注重培养学生进入社会以后所需要具备的体育素质。

（二）高校体育教学内容选择的原则

1. 教育性原则

在对体育教学内容进行选择时，首先应该遵循教育的基本观点，要进一步明确教学素材是否与社会主义核心价值观一致，是否有利于学生的身心发展。选择的体育教学内容必须与体育课程的主要目标相匹配，确立“健康第一”的指导思想，并以此作为体育教学内容最基本的出发点。同时要注重体育教学内容所蕴含的文化内涵，使学生在学习体育技能的同时能更深刻体会到体育文化修养带来的益处。开展高校体育教学时首先要考虑教学内容对学生的品德、智力、体质等的全面发展是否有利，将理论与实际结合起来，使学生在了解人体科学知识的同时真正锻炼身体，还要从思想文化等方面下功夫，使其各方面同时发展。体育教学内容的选择要充分考虑到不同学段学生的发展特点和规律，确保每一位学生都能够受益。

2. 科学性原则

高校体育教学内容的选择要遵循科学性原则，科学性主要包括以下三层含义：

（1）教学内容的选择必须有利于学生身心协调发展。要注意，一些内容虽然有利于学生身体健康，但对于学生的心理健康并没有益处。因此，教学内容的选择必须做到使学生在开展体育活动的同时身心健康发展。

（2）教学内容要使学生能够从根本上对科学锻炼的原理和方法有一个深入的了解，这种了解也可以增强学生从事体育锻炼时的自觉性和积极性。

（3）教学内容本身具有科学性。随着国家对体育教学内容的限制日益宽松，必须注意防范一些科学性不够强的体育项目作为教学内容进入课堂。

3. 趣味性原则

兴趣是最好的教师，学生感兴趣，就会积极地参与其中，所以，要关注学生的兴趣点，选择他们喜欢的、有兴致的，并且当前比较流行、受欢迎度比较高的内容。在日常教学工作中，大多数教师把更多的关注点放到教学体系的完整性上，在日常教学中采用培养专业运动员的方法，最终致使学生产生抵触情绪，出现适得其反的效果。

4. 实效性原则

实效性，顾名思义，就是考虑教材的实用程度，是否有利于学生的健康发展，使用起来是不是简便。我们国家针对教材改革也出台了相应的文件，文件中也不断地强调，教材内容要与社会进步相融合，添加新鲜的东西，吸引学生的兴致，教材讲授的知识一定要有助于学生终身学习。因此，教材选择方面一定要尽量选择一些学生们感兴趣、受欢迎程度比较高、符合时代发展的内容，与此同时，还要特别注重学生是否感兴趣，为其健康体育、快乐体育、终身体育做铺垫。

5. 民族性与世界性相结合的原则

体育课程内容的选择要在保留我国民族传统体育中的精华部分的同时，对国外好的课程内容的设置加以借鉴吸收。不能对自己民族的东西盲目自信，同时也不能有崇洋媚外的思想。体育教学内容的选择应该与时俱进，体现当今时代中国特色。

第三节　高校体育教学内容改革与新兴运动项目教材化

高校体育教学内容要紧跟社会发展的趋势，依据高校体育教学的目标适时地做出改变和创新，促进教学内容改革和新兴体育项目教材化发展，逐步完善高校体育教学内容的体系，使高校体育教学向着更加人性化、全面化和社会化的方向发展。

一、高校体育教学内容改革的方向

（一）创新体育教学内容

高校体育教学内容要遵循体育学科自身的发展规律，不断进行改革和创新。体育教学内容在强调掌握体育知识和体育运动技能的同时，要注重对大学生的多元化培养，帮助他们突破体育教学的思维限制，树立大体育观，促进其全面发展。此外，高校体育教学内容要侧重于体育精神的传递和良好体育习惯的培养。体育教学内容要与时俱进，注重培养学生对体育运动的热情，不但要重视对体育运动项目的训练，更要帮助学生理解体育运动背后所蕴含的深刻文化内涵、加强体育美学和体育运动精神等方面的教育，提升学生的体育学科素养。

（二）贴合学校实际，突出学校特色

高校体育教学内容要符合学校的客观办学条件，体育教学活动要结合学校的软件设施和硬件设施情况进行设置，这样才能保证体育教学的顺利开展和进行。不同地区、不同学校在环境条件方面存在差异，每个高校在办学方面都有自己的优势和特色，体育教学要充分发挥各个学校的优势和特色，弘扬地方特色体育文化，优化体育教学内容体系。例如，靠近山区的高校可以利用地形方面的优势，在体育课程中开设定向体育项目的相关内容，充分利用山地地形来锻炼学生的体能。还有一些地方特色传统体育项目，具有很强的地域性、趣味性和表演性，具有很大的传承价值和经济开发价值，地方高校应该进行充分开发和挖掘，有效利用起来，充实体育教学内容，为高校校本课程开发提供更多的素材，丰富体育教育资源。

（三）优化师资结构，完善场地器材等配套设施

高校应建立教师发展长效机制，有计划、有针对性地开展教师培训工作，提高教师的体育教学能力以及体育专业水平；鼓励和支持教师参加校外工作，增加相关工作经历和实践经验，加强教师队伍的流动和教学技能的提升；向相关体育机构、企事业单位等聘请具有先进实践经验的体育专长人才担任高校兼职体育教师，提高培养应用型体育人才的能力等。高校还可以通过相关鼓励政策吸引优秀人才加入，依托部分项目、重点学科，制定特殊的政策和措施，营造适合高层次人才引进和发展的环境和氛围，提升体育教学人才队伍的整体素质，优化师资结构，满足不同体育教学内容的要求。

此外，为提高体育教学内容的质量，要适当增加体育活动场地，根据教学需要购置相关体育器材。随着科学技术的不断发展，新型运动器材和运动器具的用法和作用逐渐成为体育教学研究中的重要内容之一，这也是体育教学研究的条件之一。每一种运动器材和运动器具相对应的教学作用和功能以及适用的人群有所不同，为了保证体育教学的有效开展，并且能够让新型运动器材和运动器具在教学过程中的作用得到充分的发挥，体育教学工作者需要清楚新型运动器材和运动器具的用法和作用。

二、新兴体育运动项目教材化

（一）新兴体育运动项目教材化概念阐释

新兴体育运动项目教材化就是根据体育教育与人体发展等规律，将这些新兴运动项目进行提炼、改造，升华为增进健康、促进学生身心全面发展的体育教材，并将教材内容融入体育课堂的动态过程。① 新兴体育运动是顺应时代发展需要和国民休闲需求的全新体育文化产物。新兴体育运动项目教材化在丰富体育教学内容的同时，有利于调动学生对体育运动学习的积极性和主动性，学生对运动项目有了更多的选择。通过对新兴体育运动项目的学习，学生在锻炼身体和提升运动技能同时，还能磨炼品德意志，培养拼搏精神和团队合作意识，促进其综合素质的全面提高。

（二）新兴体育运动项目的特点

新兴体育运动项目符合了高校体育的多元化发展路径，具有教育性、健身性、娱乐性、时尚性特点，如图 4–6 所示。

图 4–6　新兴体育运动项目的特点

① 张新萍，武东海，尚瑞花 . 大学体育新兴运动项目教程 [M]. 广州：中山大学出版社，2018.

1. 教育性

新兴体育运动项目具有教育性的特点，能够提高大学生的体育素养，有利于学生形成团结乐观、拼搏奋斗等优良品质和积极生活态度，提高学生的社会适应能力。例如，通过对击剑、飞镖等单人项目的学习，能够培养学生的耐力和专注力，有助于学生独立人格的形成；户外拓展、定向运动等团体项目能够培养学生的团队意识，强化学生在集体中的行为规范，培养学生集体荣誉感和责任感。

2. 健身性

通过参加新兴体育运功项目，学生能够达到锻炼身体、强健身心的目的。新兴体育运动项目以其新鲜、刺激的运动风格吸引了广大学生的参与热情，丰富了体育运动项目的选择，提高了学生对新兴体育运动的参与度，有利于学生身体素质的提高和终身体育意识的树立。

3. 娱乐性

新兴体育运动项目具有很强的娱乐性。与传统体育运动项目不同，新兴体育运动项目形式新颖，具有一定挑战性，又能为参与者带来很好的运动体验，为体育教学注入了新的元素和内容，使学生在增强身体素质的同时获得愉悦的心情，达到身心的和谐统一和全面发展。

4. 时尚性

大学生具有较强的个性和自我展现欲，喜欢追求时尚潮流，新兴体育运动项目作为一种新生事物，其火热势头恰恰可以反映一种全新的体育运动文化，它不仅代表了一种时尚的生活方式，更能展现出体育文化发展的新格局。

（三）新兴体育运动项目教材化的具体措施

新兴体育运动项目迎合了大学生多样化的体育需求，有利于其身心素质的提高及终身体育意识的形成。新兴体育运动项目教材化具有非常重要的意义，需要从以下几个方面来制定相应措施：

1. 坚持合理引进与有效创新相结合

在引入新兴体育运动项目的过程中，要注重对新兴体育运动项目的合理选择，结合体育教学目标、本校发展实际情况以及学生的实际需求进行筛选。此外，为促进新兴体育运动项目与高校体育教学的充分融合，使其更加符合高校体育教学的要求和规范，可以对新兴体育运动项目的相关内容进行适当的改革和优化，以便有效提高教学效果。

2. 开发利用新兴体育课程资源

新兴体育运动项目教材化的实质是体育校本课程资源的开发。要以国家的政策性文件为指导，结合体育学科的特点以及本校的实际情况，利用一切可以利用的课程资源，对新兴体育运动项目进行开发和利用。应该充分利用高校现有的体育资源，分析学生的兴趣爱好，从新兴体育运动项目中选择具有较高健身价值和教育意义的项目，将其纳入高校体育教学内容之中，充分发挥其应有的教育价值，为高校新兴体育运动课程的持续开展奠定良好的基础。

3. 加强新兴体育运动项目师资队伍建设

新兴体育运动项目引入我国高校的时间并不长，还处在起步摸索的阶段，特别是新兴体育运动项目师资队伍建设迫切需要加强，以便满足大学生多样化的体育需求和高校体育教学创新需要。一方面，高校体育教师要与时俱进，充实丰富自己的知识结构体系，积极学习新兴体育运动项目的相关专业知识和技能，满足不断创新的教学需求和学生多样化的体育需求；另一方面，高校要对教师进行新兴体育运动项目的相关培训，聘请企业和社会上拥有新兴体育运动项目专长的人员来学校进行培训、指导等，从而促进高校体育教师队伍新兴体育运动项目方面的技能不断提高和优化，为高校体育运动课程的开展提供人才保障。

4. 完善新兴体育运动项目的相关设施

高校要加大对新兴体育运动项目的资金投入，建设新兴体育运动项目所需要的专业场地，购买相关器材和设备，以保障新兴体育运动项目的有效开展。此外，高校要广泛开展高校之间、高校与社会之间的新兴体育运动项目合作。高校之间要互通有无，充分发挥各自在人才、技术等方面的优势，还可以共建新兴体育项目所需要的场地，共享专业运动器材等，促进新兴体育运动项目的交流和发展；要充分调动和发挥社会各界力量，多方引进社会资金和赞助，为高校新兴体育运动项目的开展提供物质基础和便利条件。

5. 鼓励和引导学生成立新兴体育社团

高校可以鼓励和引导学生成立新兴体育社团。新兴体育社团的成立有利于高校新兴体育运动项目的发展和新兴体育文化的传播。新兴体育社团的成立能够将对新兴体育运动项目有兴趣的学生集中到一起，为他们提供更多的交流机会，营造出浓厚的新兴体育运动氛围，构建并传递新兴体育运动文化。需要注意的是，在高校新兴体育社团成立之初，由于各项规章制度还不完善，存在一定盲目性和无序性，高校体育教师要为学生的体育社团提供适时指导和合理引导，以保证高校新兴体育运动项目的顺利开展。

第五章　赋能·高校体育教学方法创新发展

第一节　多媒体技术在高校体育教学中的应用

多媒体技术的应用，使高校体育教学活动更为动态化、生动化，能够有效提升学生的体育运动项目技能水平，提升其学习自信心，激发其对体育运动的热情，从而很大程度上提升高校体育教学的效率和质量。

一、多媒体技术与高校体育教学

（一）多媒体技术概念阐析

多媒体的英文是“Multimedia”，其中“Multi”源于单词“Multiple”，意思是“多个、多种的”；“Media”意思是“媒体”，这里的媒体不仅包括文字、图案、食品、语音等传递信息的虚拟媒体，还包括光盘、磁带、磁盘等存储信息的实体媒体。所以“Multimedia”的含义简单来说就是以上多种媒体的综合。多媒体技术是指通过计算机对文字、数据、图形、图像、动画、声音等多种媒体信息进行综合处理和管理，使用户可以通过多种感官与计算机进行实时信息交互的技术，又称为计算机多媒体技术。[①]

多媒体技术是多学科与计算机综合应用的技术，它包含了计算机软硬件技术、信号的数字化处理技术、音频视频处理技术、图像压缩处理技术、通信技术、人工智能和模式识别技术，是不断发展和完善的多学科综合应用技术。多

① 罗志平，罗开正．计算机应用基础 [M]. 武汉：华中科技大学出版社，2013.

媒体技术是当今信息技术领域发展最快、最活跃的技术。在现代社会高速互联网日益普及的背景下，多媒体技术被广泛地应用在教育、图书、咨询与服务、通信、医疗、金融、军事等各行各业。

（二）多媒体技术的特点

多媒体技术具有多样性、集成性、交互性、实时性等特点，如图 5–1 所示。

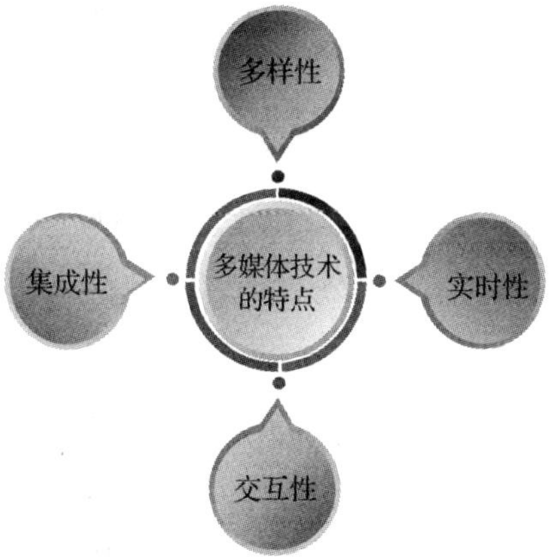

图 5–1　多媒体技术的特点

1. 多样性

利用多媒体技术能够综合处理文字、图形、图像、音频、视频、动画等多种媒体形式，这种综合处理形式使信息呈现出多样化、形象化的特点，人们可以通过多种多媒体形式与计算机实现信息交流。

2. 集成性

多媒体技术的集成性指的是对多种媒体信息的集成和对各种媒体设备的集成。一方面，将文字、图形、图像、声音、视频等各种媒体信息经过采集、加工、数字化处理之后，按照一定的方式进行有机组合，建立起相互之间的逻辑关联，使之成为一个完整的多媒体信息系统的集成；另一方面，将支持多媒体信息处理、多媒体系统运行的不同相关软硬件设备集成在一起，形成一个完整的多媒体支持系统。

3. 交互性

交互性是多媒体系统区别与传统媒体系统的一个重要特征，指的是用户通过对多媒体系统的运行控制，使其按照用户的指令提供需要的有效信息，从而实现人机之间的双向信息交流。传统媒体信息是单向流通的，用户只能被动地接收信息，多媒体技术使用户可以自己进行信息的搜索和控制，为用户获取和选择信息提供了更为灵活的方式和手段。

4. 实时性

多媒体系统中的各种媒体信息有机地组合集成为一个整体，各种媒体信息在时间上存在紧密联系，需要实时同步播放，从而使人与多媒体系统之间发生的交互感觉像面对面一样。

（三）高校体育教学中引入多媒体技术的必要性

1. 有利于提高高校体育教学效率

在传统体育教学模式下，某些体育运动项目关键动作的传授，主要依靠体育教师对技术要点进行讲述，然后再一步步分解成小环节演示给学生。这样的教学模式具有很大的局限性，许多动作的变化无法用语言准确描述和表达，教师的示范动作也无法做到对整个动作的拆分和细化。这样对于许多难度系数比较大的动作，学生不容易掌握。多媒体技术的运用大大改善了这一状况，运用多媒体技术能够将动作技术要点进行全方位、多角度的分析和解读，对要点动作一一细分化解，有利于学生对体育课程和相关体育项目关键动作的记忆和掌握，无形之中提高了高校体育教学效率，推动高校体育教学向更为科学、更为高效的方向发展。

2. 激发学生对体育学习的兴趣

多媒体技术教学通过声音、视频、图文等形式将枯燥的体育教学内容直观形象地展示出来，创设了生动化、多样化、个性化的教学情景，有效激发了学生对体育学习的热情和兴趣。兴趣是最好的老师，只有激发出学生的学习兴趣，在以后的学习过程中学生的积极性和主动性才能被充分调动起来。高校体育教学通过多媒体技术这一手段，将体育项目的动作要点通过直观生动的形式展现在学生面前，加深了学生对动作要点的掌握，无形之中提高了他们对体育运动学习的信心，有利于体育教学活动的有效开展。

3. 帮助学生正确地掌握动作

在体育教学过程中，传统的体育教学模式是通过讲解—演示—模拟训练的过程来实现的，学生通过“听”“看”“体验”体育教师的动作示范来感知这些动作的全过程，这种“听”“看”“体验”的学习过程是被动的、机械化的，因此，学生在体育学习过程中对这些动作的艺术性和规律性缺乏良好的体验，影响了对体育知识的掌握。在多媒体教学中，运用多媒体技术，通过声音、动作，结合图像的冻结、闪烁、慢播、色彩变化以及教师的讲解，学生可以看到动作的每一个过程和细节，这不仅有助于促进大学生对动作技能的掌握，还可以培养学生的观察分析能力，在学生清晰地观察动作细节的基础上，有效地提高了教学的实际效果。

二、多媒体技术对体育教学过程的影响

高校体育教学过程是由教师的“教”和学生的“学”组成的统一体，体育教学具有很强的实践性特点，教师的“教”和学生的“学”是双边互动的关系，是相互依存、不可分割的整体。在传统体育教学中，知识的传授主要依靠教师动态化的讲解和示范，学生通过思维活动的开展和身体练习达到对体育基础知识和运动技能的掌握。这种注入式的教学模式达不到应有的教学效果，教师的讲解和示范不能被学生很好理解，不利于学生主观能动性的调动和学习潜能的发挥。多媒体技术的运用可以大大弥补体育教学过程中的不足，使教师的讲解和示范更加形象化、具体化，学生理解起来更加直观简单，有效调动了学生的积极性和学习热情，对提高高校体育教学效率有着十分重要的现实意义。

（一）多媒体技术的运用对教师的影响

多媒体技术的运用，使体育教师将讲解和示范的内容以更加直观形象的形式展现出来。多媒体技术通过图片、视频、动画等形式的交替运用，把复杂的技术动作通过分解演示，一步步详细呈现出来，增加了教师教学指导的灵活性，教师得以从繁重的课堂教学中解放出来，把更多的时间和精力投入到教学质量的提高和体育学科研究中去。多媒体技术的应用并不意味着教师主导地位的动摇，相反，多媒体教学对教师的角色提出了更高的要求。教师作为知识的传授者、教学过程的组织者和管理者等角色并没有发生变化，只是由知识的传输者转变为学生学习中的引导者。多媒体课件是由教师设计制作的，包含了教师的教学思想，集中了教师的智慧与经验。有了多媒体技术的辅助，教师能够

充分了解学生的需求，加强对学生学习方法的合理引导，更好地发挥教师在教学中的指导作用。

（二）多媒体技术的运用对学生的影响

在传统体育教学模式下，学生对老师的依赖性比较大，对知识的接受处于被动状态。多媒体技术在高校体育教学中的应用，大大减少了学生对老师的依赖，学生可以根据自己的实际情况有选择性地学习不同的内容、不同的进度，学生对体育知识的学习也不再是被动接受，而是主动探索，从被动的知识接受者转变为主动学习者。多媒体技术通过赏心悦目的视觉背景、生动有趣的动物画面、音乐音响效果等，加深学生对体育知识的理解和消化，增强学生对体育学习的热情和兴趣，大大提升了学习效率。此外，多媒体技术能够促进学生在学习体育知识的过程中手脑并用，调动多种感官共同参与进来，增加了信息的接受量，提高了记忆效果。

（三）多媒体技术的运用对教学内容的影响

高校体育教学内容应具备科学性和实用性，要使学生掌握健身知识和技能，为增强学生体质和终身锻炼打好基础。多媒体技术的运用，使高校体育教学内容从外在形式到内在结构都发生了变化。

1. 体育教学内容外在形式的变化

高校体育教学内容非常丰富，在多媒体技术出现之前，电算化教学在体育教学中已经得到了较为广泛的运用，使体育教学内容以录像、录音的形式表现出来。多媒体技术的运用极大丰富了体育教学内容的表现形式，使教学内容以文字、图像、声音、动画、视频等更为多样的形式呈现出来，克服了其他媒体的单一表现形式难以协同的缺点，并且这些多媒体信息更便于保存、管理、加工和传输，具有很强的可读性和可塑性。多媒体技术的运用使体育教学呈现出现场教学的情境和气氛，带给学生身临其境的感觉，形象互动的教学模式大大提高了学生体育学习的积极性，有助于学生体育技能的掌握和素质的全面提高。

2. 体育教学内容内在结构的变化

传统的教材是以线性结构来组织学科知识的，知识内容的结构及其顺序都是以教为主。高校体育教学中学生只能在教师的教授下获得体育相关概念、原理以及运动技能等知识内容，学生对教师的依赖性很强。多媒体技术是以一种接近人类认知特点的方式来组织、展示教学内容及构建知识结构的。通过多媒体技术的非线性网络结构来组织教学内容，对学生获得正确的事实概念及其结构关系具有潜在的促进作用，且有助于已有知识向新知识的迁移；既注重知识的形成过程，又注重知识结构，使教学内容的统一性与灵活性相结合，充分体现了因材施教的个性化教学理念，有利于学生创新能力和实践能力的发展。

三、多媒体技术在体育教学中的优化应用

多媒体技术在高校体育教学中的应用，受到了教师与学生的普遍欢迎，但还存在不少需要优化的地方。此外，高校体育教学不能完全依赖多媒体技术，多媒体技术的运用要把握适度和灵活的原则，根据教学目标精选精编。多媒体技术的运用要起到画龙点睛的作用，发挥最大效用，需要从以下几个方面着手，如图 5–2 所示。

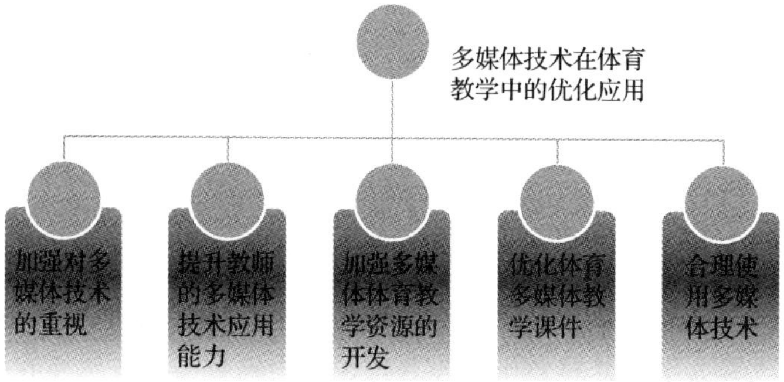

图 5–2　多媒体技术在体育教学中的优化应用

（一）加强对多媒体技术的重视

高校应该重视多媒体技术在体育教学中的应用，以适应长远的发展要求。首先，高校要加大对体育多媒体教学的资金投入。多媒体教学需要配备相应的软硬件设施和配套，才能保障体育教学的顺利开展，因此高校应加大体育多媒体教学专项资金的投资力度，拓宽投资渠道，通过申请政府拨款、企业赞助和社会支持等方式筹集资金，配备体育多媒体教学所需要的软硬件设施，做到多媒体设备齐全。学校应该加大资金投入完善多媒体教室、多媒体训练场地等配

套设施，保障多媒体教学与体育项目训练的同步进行，为师生营造良好的现代化体育多媒体教学环境。

其次，高校要加强对多媒体设备和多媒体资源的管理。安排专人负责，对多媒体设备进行定期检查与保养，及时发现故障和进行维修；制定多媒体设备使用管理条例，规范多媒体设备的使用流程，做好防护和保护措施，以保障多媒体教学资源在高校体育教学中得到充分有效的运用。

（二）提升教师的多媒体技术应用能力

高校体育教学中教师的多媒体技术应用水平直接影响体育教学效果，应该提升教师的多媒体技术应用能力，丰富教师的教学资源，推动多媒体技术与高校体育教学工作的充分融合。一方面，高校体育教师要积极学习多媒体教学技术的相关理论知识，熟练掌握和使用多媒体软件的操作使用方法；同时教师要熟悉相关体育课件的制作，能够利用多媒体技术展示不同体育项目的特点和优势，充分调动学生对体育学习的积极性和主动性。另一方面，学校要开展对体育教师的多媒体技术培训。学校应该使用校内外资源为体育教师组织开展多媒体应用技术的相关培训，建立多层次的培训机制，在校内由计算机教师负责定期培训体育教师。另外，学校还可以组建专项多媒体技术教学小组，对不同需求的体育教师进行更具针对性的分层分批培训，针对不同专业与不同需求的教师，制订更适宜的培训方案，并开展各高校之间的培训合作与交流，参考本校实践教学情况开展特色教学培训。除此之外，还可以定期在校内举办体育教师多媒体教学大赛，激励体育教师通过各种途径提高自己的多媒体教学水平。还可以结合教师自学的方式来提高高校体育教师的多媒体设备、软件操作能力，使体育教师对相关技能的操作得心应手，从而开发具有特色、特点的多媒体教学内容。

（三）加强多媒体体育教学资源的开发

利用多媒体技术开发体育教学资源，丰富高校体育教学体系，有利于学生体育学习的开展，可以进一步降低体育学习的难度系数，提升学生的学习体验和学习动力，帮助学生树立科学的锻炼态度，提高他们的身体健康水平，树立终身体育意识。教师通过多媒体体育教学资源的开发，能够掌握更为科学的教学方式，学生也可以利用这些资源认识到自身学习上的不足，并及时调整学习方法，达到提升学习效率的目的。高校要积极做好多媒体设备的维护和软硬件设施更新工作，保障多媒体体育教学资源开发工作的顺利开展。各高校之间可以开展教学资源的交流和共享，有能力的高校可以利用多媒体技术，结合自己学校的特点和实际情况来设计、开发相应的体育教学软件，一线体育教师可以利用软件来实现对学生学习状况的动态监督。学校还要积极建立相应的体育资源数据库，让师生可以在线搜寻、下载体育资源，满足不同体育项目的教学需求。体育教师也要做好日常教学总结工作，并将自身教学过程中所用资源进行归纳整理分享到资源库中，为其他教师开展教学提供参考。

（四）优化体育多媒体教学课件

在开展体育教学时，体育教师要对网络资源加以筛选、对多媒体教学课件加以优化。优质的多媒体教学课件能够引起学生对体育学习的兴趣，有效提高体育教学效果。因此，体育教师在设计多媒体教学课件时，要充分考虑自身的教学风格以及阶段性教学目标，结合教学内容重点对课件资源进行合理配置和优化，使其更为贴近教学实际需求。此外，体育多媒体教学课件的内容题材的选择要合理，以促进学生身心全面发展为目标；体育多媒体课件的设计界面要合理，学习任务要适量。

制作多媒体课件是对教师运用多媒体教学的基本要求，不仅需要教师制作出一个实用而精致的多媒体课件，而且要完成与之配套的教案。教师需要持续提高体育学科知识与教学能力，同时也要丰富自身现代化教学手段，同步提升多媒体技术的应用能力。与此同时，还要经常与同事进行教法、技术上的探讨，请教不同学科的有经验的教师，不断完善课件，从形式上到内容上，全面提高多媒体课件的质量，同时尽可能提高制作课件的效率。

（五）合理使用多媒体技术

在高校体育教学中，教师在体育教学活动中处于主导地位，学生是教学活动的主体，多媒体技术承担着辅助体育教学的角色。在开展体育教学活动时，要清楚教师的“教”和学生的“学”才是课堂教学的核心，在教学中处于主要地位，多媒体技术作为辅助手段要合理使用，才能达到最优的效果，更好地为教学服务。教师在制作多媒体课件的过程中，要有所权衡取舍、增加删减，才能合理安排教学任务。例如，在篮球课上，单纯地看 NBA 视频或通过 PPT 讲篮球比赛的规则，可能无法让学生切实学到篮球的技巧，这个时候就需要改变教学模式，运用音视频手段，同时带大家走出课堂。此外，教师在应用多媒体技术进行体育教学时应注意留有自由发挥的空间，调动学生的主动性、积极性，采用互动教学方式。教师首先要理解“以学生为中心，以教师为主导”的现代互动教学理念，具体来说，教师在多媒体教学中应充分认识到将学生作为课堂教学的主体，充分关注学生的体验和需求，根据讲授课程的特点和学生的接受能力的不同进行教学设计，确定教学重点和难点，并在此基础上制作课件，通过学生的反馈不断改进多媒体课件及教学过程。力图让多媒体技术成为师生之间有效交流的途径，鼓励学生主动思考问题、探索问题，打造多媒体课堂教学中的教师—多媒体—学生三者之间的有效互动关系。

第二节　微课在高校体育教学中的应用

互联网技术的发展推动了微课在高校体育教学中的应用，微课日益受到教师的重视并成为高校体育教学过程中常用的教学辅助手段。微课通过线上、线下教学相结合的方式，促使大学生通过体育锻炼提高身体素质，并且得到个性化的培养和发展。

一、微课相关知识阐释

（一）微课的概念及构成

微课是指运用信息技术，按照认知规律，呈现碎片化学习内容、过程及扩展素材的结构化数字资源。[①] 微课的主要构成要素是课堂教学视频（课件），同时还包括教学设计、素材、教学反思、练习测试、教师反馈以及教师点评等与课件教学主题相关的辅助性教学资源。这些构成要素在一定的呈现方式和组织关系下，共同营造了一个半结构化、主题式的资源单元应用小环境。因此，微课作为一种新型的教学资源，是对教学课例、教学课件、教学设计、教学反思等传统单一资源类型的继承和发展，同时又与其有很大的区别。

① 张显华．微课的课堂运用模式 [J]. 中文信息，2017（12）：128.

（二）微课教学的主要特点

微课教学的主要特点体现在以下几个方面，如图 5-3 所示。

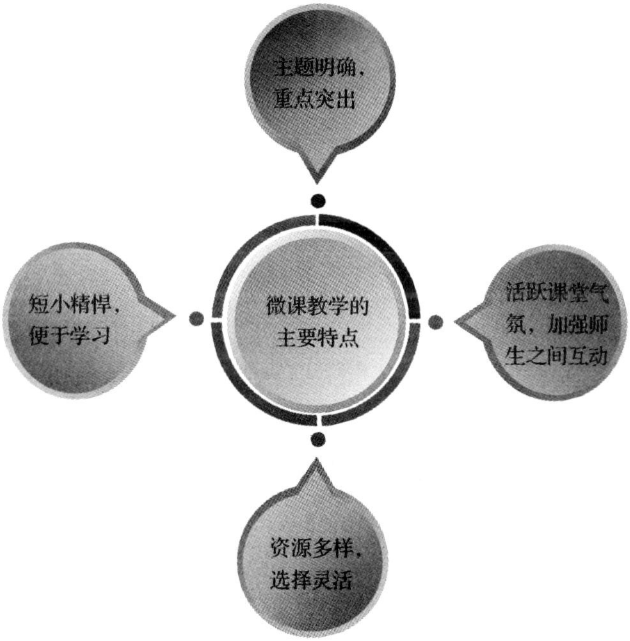

图 5-3　微课教学的主要特点

1. 主题明确，重点突出

微课的教学目标比较单一，即解决教学中的知识难点和疑点。一个微课主要就一个主题进行说明，主题来源于教学实践中遇到的具体问题，包括教学反思、难点强调、学习方法、学习策略等方面的具体问题。微课只有主题明确、重点突出，才能在有限的时间内准确表达所要学习的内容，更好激发学生的学习兴趣，方便学生系统全面地进行知识的学习和掌握。

2. 短小精悍，便于学习

首先，微课充分体现了“微”的特点。微课的时长一般在 10 分钟左右，有利于学生注意力的集中，不容易产生视觉上的疲劳。其次，微课的内容是课程精华的浓缩，往往围绕一个知识点或教学难点来展开，尽量做到浓缩化、精简化。微课短小精悍、内容容量较小，并且支持多媒体播放形式，可以将其保存到各种多媒体终端，学生可以利用碎片化时间，随时随地进行学习。

3. 资源多样，选择灵活

微课往往可以呈现出多种多样的教学资源类型，视频可以由不同的制作方法制作而成，并且可以和图片、文字、音乐等资源形式进行整合，进一步提高学生对微课学习的兴趣。此外，学生在通过微课进行学习时，可以结合自己的实际需求和学习进度自主选择，对学习过程中遇到的疑点、难点内容可以反复学习、有针对性地学习，直到弄懂为止。

4. 活跃课堂气氛，加强师生之间互动

微课作为一种新型课堂形式，它的出现在满足学生对知识的渴求与猎奇心理的同时，能够活跃课堂气氛，有效调动学生学习的积极性和主动性。同时，微课能够有效改善传统教学模式中教学内容单方面输出的情况。在微课教学过程中，教师与学生之间的互动得到加强，不仅及时收集了学生课程学习的兴趣点，同时，对于学生存在的疑问，教师也能够及时回答。这无疑为后期教师的课程设计提供了便利条件，使其能够在满足现阶段学生对知识的渴求的同时，进一步提升课程的教学效果。

（三）微课设计中应该注意的问题

1. 体现以学生为中心的原则

微课作为传统课堂的辅助和有益补充，它的使用对象主要是学生。所以作为一种供学生自主学习的网络资源，微课要想达到理想的使用效果，必须能够充分调动学生的学习兴趣和吸引学生的注意力，微课内容的设计要体现以学生为中心的原则。

（1）在视听传播的设计上要做到以学生为中心。首先，教师在设计微课课件时要充分考虑学生的学习需求和视听感受，站在学生的角度认真分析学生需要听到什么和看到什么。在教学内容方面，微课不需要展示教学活动的过程，可以忽略传统课堂教学的课堂提问、小组讨论等环节，只需要着重展示教学内容本身。其次，教师要站在学生的视角考虑画面和声音的设计。例如，在进行一些运动项目的动作、技巧设计的时候，画面一定要方便学生进行观察、模仿和学习，充分呈现学习内容。同样，声音的设计也要站在学生的角度充分考虑背景音乐的效果，要让学生听得清楚，注重其听觉感受。

（2）在教学思路的设计上要做到以学生为中心。微课的设计要充分考虑教学对象的特点，以学生的思路来组织教学内容。在具体进行设计时，要结合学生的兴趣、疑难点，把教学内容拆分为一个个小的问题，按照学生的思路进行知识的重组，灵活运用归纳总结、联系对比、逻辑推理等设计思路，一步步引导学生深入学习。

（3）在情感基调的设计上要做到以学生为中心。微课之所以吸引人，在于教师充满感情的耐心讲解，在于其通过语言所表现出来的感染力和亲和力。因此，教师在制作微课的时候要充分考虑学生的心理感受，做好情感基调的设计。教师在录制微课时要不断调整自己的状态，避免出现生硬、呆板、不自然的表达，尽量在情感上拉近与学生的心理距离，有了这样的情感基调，微课才能取得理想的效果。

2. 注重时间与内容的精简

微课作为一种新兴的教学辅助方法，“微”是其最突出特征，在进行微课设计时，应首要考虑这一特征，注意时间与内容方面的精简。首先，从时间上来说，微课视频的时长一般不得超过 10 分钟。因为据教育心理学的研究，人的注意力集中的有效时间在 10 分钟左右，太过冗长的微课不利于课堂效果的提升。所以微课在时间设计方面要短小精悍，满足学生注意力保持时间。其次，从内容方面来说，微课的内容要具有针对性。根据认知心理学的研究，学生相继学习的知识间会相互干扰，导致遗忘。先学到的知识对保持和回忆后学到的知识的干扰作用是“前摄抑制”；而后学到的知识对保持和回忆先学到的知识的干扰作用是“后摄抑制”。在微课教学中，如果课堂上包含的知识量过大，很容易产生前摄抑制和后摄抑制。因此，在微课的短时间内，应该只说明课程的某个部分、重点、难点。微课教学的内容应当“微”而有致，是有针对性的，是精悍的。再次，微课的设计的选题范围要小。也就是说，围绕某一目标进行精确讲解，选题范围虽小但必须能够完整地表达某一个学习内容，这就要求我们对知识点进行细化，对内容模块进行分割，在细化知识的同时还要保证内容的完整性。最后，资源存储量要小，这样才能够满足移动设备在线播放的要求，并且方便下载和存储。

3. 注意学生与学习资源之间的交互性

在进行微课设计时，要注意学生与学习资源之间的交互性。微课教学强调学生的自主性学习，因此，学生与学习资料之间的交互性就显得尤为重要。学生与学习资源之间交互性的构建，能够使学生从知识的被动接受者转变为知识的主动获取者，有效激发学生的学习兴趣和主动性，由被动学习转变为探究式、启发式学习，实现与学习资源的良好交互，促使学生进行有意义的学习。

4. 强调技术创新

21 世纪所倡导的教育理念强调教育教学必须以培养学生的可持续学习和发展的能力为核心，为终身学习提供重要的基础。同样微课的设计也必须遵循培养终身学习能力的原则，注重提高学生发现问题、提出问题、解决问题和分析问题的能力，并开发具有创新性的学习资源。① 随着信息技术的迅速发展，技术革新越来越需要创新思维。微课是利用信息技术来进行的教学活动，如何在微课中恰当和充分地使用信息技术手段显得十分重要，因此，创新技术的应用对于实现微课核心教学目的是必不可少的。在进行微课设计时，我们必须充分利用新兴的信息技术，并根据已有的教学资源和教学内容来设计出合适的教学资源。当代大学生是信息时代新技术和新媒体的重要传播者，他们擅于掌握最新的信息技术，也具有一定的信息技术应用能力。所以，大学微课设计要强调技术创新。

二、微课在高校体育教学中应用的意义

互联网技术的发展推动了微课在高校体育教学中的应用。将微课充分应用于高校体育教学中，有利于规范学生技术动作，提高学生对体育学习的兴趣和自主学习能力，巩固学生课后练习的效果。

（一）规范学生技术动作

高校体育教学涉及的体育运动项目众多，武术、体操、田径等都属于体育课程教学的范畴，体育教师对这些运动项目的技术动作很难做到样样精通，在示范讲解中也很难做到面面俱到。标准规范的体育示范动作能够帮助学生建立感官表象，成功吸引学生的注意力，激发学生进一步学习体育项目技术动作的兴趣。微课这一教学方式，能够加强学生体育运动项目技术动作的规范性，并

① 陈先荣．创新型人才培养必须从基础教育抓起：对课程目标新增“发现和提出问题的能力”的认识 [J]. 中小学教师培训，2012（8）：39–41.

且对技术动作进行分解，针对一些难度系数较大的技术和动作，反复播放和练习，加深学生的印象和对重点难点的掌握，促进学生对正确技术动作的规范完整掌握。

（二）提高学生对体育学习的兴趣和自主学习能力

微课能够利用图片、文字、动画等充分调动学生的视觉感官认知能力；情景式教学模式使学生产生身临其境的感觉；音乐背景和讲解能够增强学生的听觉效果等。微课能够使抽象、枯燥的体育运动技能讲解变得生动、直观、形象，充分调动学生学习的积极性。此外，学生在体育学习过程中，可以一边进行微课学习一边加强对动作的操作和锻炼，还可以利用课余时间通过微课进行体育运动的学习，培养自主学习的能力，这样既培养了学生的学习兴趣，又提高了体育教学的效率。互联网技术的迅速发展和移动智能终端的普及为学生的学习提供了便利条件，学生可以利用电脑、手机等将微课下载下来，随时随地进行学习。

（三）有利于教学中重点难点的突破

在体育教学过程中，经常会遇到重点难点问题，传统体育教学模式下，教师需要针对这些问题反复进行讲解和示范，才能加深学生的认识和理解。微课的应用很好地解决了这一问题，教师可以结合教材中出现的重点和难点内容专门制作相关的微课。针对一些比较复杂的体育动作可以采用多角度连贯动作示范、动态分解动作示范和静态分解动作示范等方法，并配以相关的文字阐释和声音讲解，加深学生对动作的理解和掌握。通过直观、生动、立体、全面的动作讲解和示范，使教学重点难点由抽象变形象，学生就可以轻易地掌握体育教学中的动作或关键点，进而提高认知阶段教师的教学效率。

三、微课在高校体育教学中的具体应用

高校体育教学内容多为在室外进行的实践性内容，微课教学方法的应用，为高校体育教学的开展提供了重要辅助，拓展了高校体育课堂的教学内容，创新了高校体育教学的模式。微课在高校体育教学中主要应用于体育课程调研、体育课程设计、体育课程教学以及体育课后辅导方面，如图 5–4 所示。

（一）微课在体育课程调研中的应用

高校体育教学中包含篮球、羽毛球、健美操、太极拳等众多体育运动项

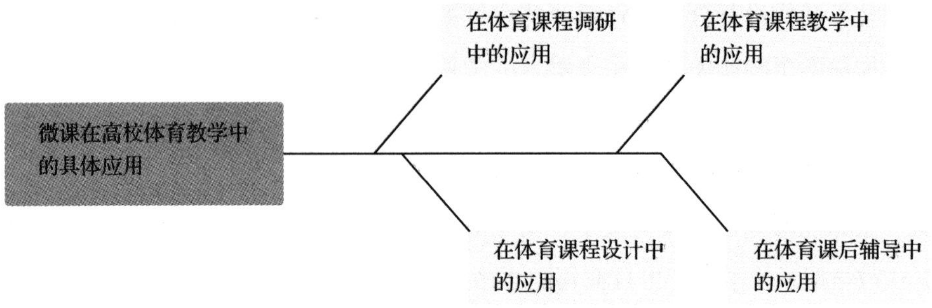

图 5-4 微课在高校体育教学中的具体应用

目，学生可以根据自己的兴趣爱好来进行选择。有的学生由于对相关体育项目不够了解，在课程学习过程中才发现对所选择的运动项目的教学内容和知识并不感兴趣，学习热情和自信心进而受到打击。针对这种情况，体育教师可以在体育教学实践活动开始之前应用微课进行体育课程调研。体育教师可以按照体育逻辑将教学中的难点、重点及考核要点提炼出来，制作成相关的微课视频，并通过班级宣传、移动互联网等多种渠道将这些微课视频广泛传播出去，教师通过收集学生的合理化建议、网络上微课的点击率等，评定体育项目和体育课程内容设置是否合理，深入了解学生的学习兴趣，充分调动学生对体育学习的积极性，提升学生体育学习的参与度。

（二）微课在体育课程设计中的应用

微课是传统体育教学模式的有益补充，微课的出现，重新定义了传统的体育课程设计，使体育课程设计更加丰满，使体育课堂呈现出自由、公平、活跃的特点，能够有效更新教师的体育教学思维，提升学生对体育学习的兴趣。高校体育教师要在对学校的体育设施情况和体育课程建设要求充分调研的基础上进行微课设计，否则微课将无法应用到体育教学实践中。在微课视频制作过程中，教师要深入学生内部，广泛听取学生的意见，了解大学生对体育课程的实际需求。这样制作出的微课视频才能符合学生的实际需求，最大限度地激发学生对体育学习的兴趣。此外，要保证高校体育微课的质量，还需要建立系统的高校体育微课课程的教学体系，使微课视频能够符合时代要求，与时俱进，不断适应学生们身心变化的特点，更好地服务于体育教学活动。

（三）微课在体育课程教学中的应用

一方面，体育教师可以将体育时事热点和体育课程的新内容一起导入微课之中，对体育课程教学的开展进行创新设计。在课堂上，组织学生一起观看和学习微课课程，激发学生学习的积极性和对体育运动的兴趣。另一方面，针对体育教学实践活动中的重点问题和难点问题，教师可以制作成相关的微课，进行详细讲解，复杂的动作可以拆分成几个步骤来进行解析。在体育课程教学过程中，通过向学生播放微课视频，将教学中的重点和难点以更为直观、更为生动、更为具体的形式呈现出来，方便学生的理解和掌握。微课不受课程时间和课程地点的限制，能够满足学生对体育课程学习的需求。高校体育教师在利用微课开展体育课程教学时，要注意把握好以下几个方面：

1. 微课学习目标

微课学习目标指的是教师在高校体育微课课程教学中所要达到的效果。教师微课学习目标的制定要建立在对高校体育教学过程中重点、难点的掌握，以及对学生的体育教学实际需求充分了解的基础上，只有充分掌握了教学中的重点和难点，与学生深入交流，了解学生对体育教学的实际需求才能明确体育微课教学的学习目标。

2. 微课的主要内容

内容是微课的灵魂，只有选择好内容素材，才能有效调动起学生对体育学习的积极性和主动性，取得理想的微课课程教学效果。

3. 学生情况的分析

教师在对体育微课课程进行设计的过程中，要对学生的身体素质、体育基础等情况进行分析，以便有针对性地设计相关课程内容。

4. 教学策略的选择

教师在设计体育微课课程的过程中要对各种情况进行综合考虑，包括教师自身的教学能力、学生的学习能力、学校教学设施等因素，以便选择相适应的教学策略开展体育教学。

5. 评价反馈的设计

在体育微课课程教学开展之后，教师还要对教学目标的完成情况、学生的满意度等方面进行综合性考评，设计相应的微课课程教学评价反馈体系，以明确微课课程教学中存在的不足，方便下一步教学工作的开展。

（四）微课在体育课后辅导中的应用

对于体育课堂教学而言，几十分钟的体育教学时间是十分有限的，教师很难做到每个知识点都面面俱到，无法做到精细化教学。特别是一些体育基础比较差的同学，有可能跟不上老师课堂讲课的节奏，不能充分掌握所学的体育知识和运动技能。微课能够很好地解决这一问题，教师可以在课堂教学结束以后，将包含体育课堂教学要点的相关微课视频发送给学生，方便学生利用课余时间进行复习和练习，以便跟上课堂教学进度，提升体育学习效果。此外，有的学生会对一些没有入选教学项目的体育运动比较感兴趣，教师可以把这些运动项目的相关微课视频发给学生，利用课余时间对学生进行兴趣指导，使学生得到个性化的发展。

第三节　慕课在高校体育教学中的应用

随着网络信息的飞速发展，越来越多的信息化教学技术被引入教学领域。慕课作为一种开放性在线教学方式，其在高校体育教学中的广泛应用取得了良好的成效，丰富了高校体育教学的内容，有助于教育资源的整合，激发学生对体育学习的兴趣和积极性。

一、慕课相关知识阐释

（一）慕课的概念

慕课即“MOOC”的音译，英文全称为 Massive Open Online Course，指大规模开放在线课程。慕课中的 M（Massive），主要相对于传统的教学模式而言，是指大规模教学，对网络在线学习人数不进行限制；慕课中的 O（Open）则是指慕课的开放性，对于学习对象没有明确的限制，学生只要具备学习兴趣，均可免费参与到慕课学习中；慕课中的第二个 O（Online）则是指在线学习，学生可以根据自己的实际情况，灵活安排学习时间、学习地点等，同时在线学习的过程中，还可以与教师之间进行良好的互动；慕课中的 C（Course）则是指慕课的课程。

慕课主要利用互联网技术和大数据信息挖掘功能，将课程资源对学习者实行完全开放和共享，使教育资源得到充分利用，最大限度发挥其价值。慕课这一概念最早是 2008 年由加拿大学者 Dave Cormier 和 Bryan Alexander 共同提出的，随后在美国得到了广泛推广，近年来，受到人们的广泛重视并在教育领域获得了迅猛发展。慕课这种新型的学习模式彻底打破了传统教学模式中的学习时间、学习地点的限制，并使学生在学习的过程中，可以根据自己的需求，有针对性地选择学习内容。同时，在慕课模式下，学生在学习的过程中，可以与教师之间形成良好的互动，不仅激发了学生的学习兴趣，也极大地提高了学生的学习效果。①

（二）慕课教学的主要特点

慕课教学的主要特点体现在开放化、规模化、网络化、个性化几个方面，如图 5–5 所示。

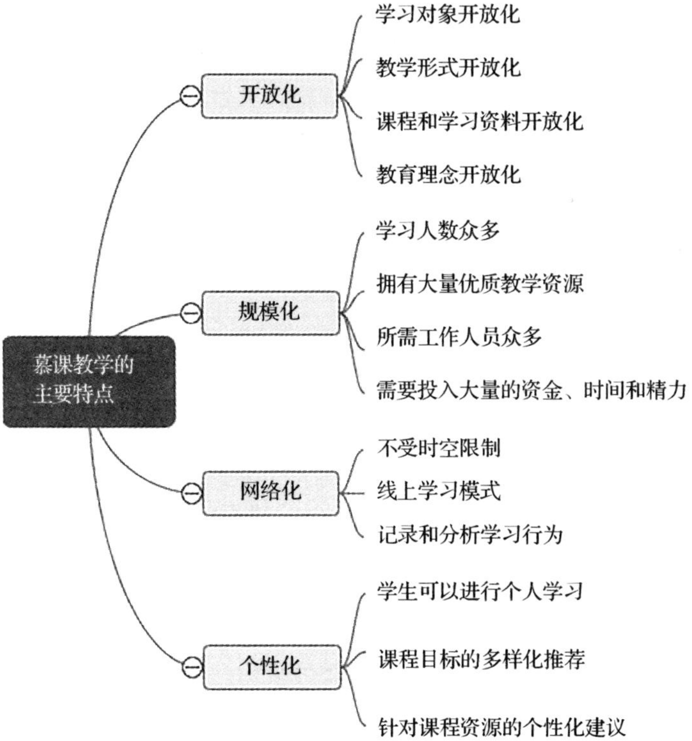

图 5–5　慕课教学的主要特点

① 张坤．慕课教学对当前大学体育教学改革的启示 [J]. 当代体育科技，2018（12）：75–76.

1. 开放化

慕课的学习具有公开、自由的开放化特点，学习者不需要任何附加条件，只要具备上网条件就能够利用慕课进行学习。慕课的开放化特征主要体现在以下几个方面：

（1）学习对象开放化。学习者不受时间、地域、年级、文化、收入和班级的限制，都可以通过慕课随时随地进行在线学习。

（2）教学形式开放化。慕课平台支持学生在学习和讨论中使用各种社交学习软件，以及创建和共享一些对于自己学习有益的资料。

（3）课程和学习资料开放化。慕课课程含有多种丰富的教学资源，学习者学习过程中资源获取比较快捷，并且可以结合课堂需要和教学环境的变化进一步拓展和修正。

（4）教育理念开放化。慕课的教育理念是让任何愿意学习的学习者不受时间、空间的限制进行学习，将高质量的教育资源与学习者联系起来，打破时空的界限。

2. 规模化

慕课与传统授课模式有所不同，学习者不受地域和人数的限制，都可以自由参与到慕课课程的学习中。总体来说，其规模化特征主要体现在以下几个方面：

（1）学习人数众多。慕课作为一个通过在线视频教授学生知识的大型开放式课程，在线学习的学生数量是巨大的。

（2）拥有大量优质教学资源。慕课在世界范围内已经获得了广泛发展，目前已经有数百所世界名校加入到慕课平台的建设中，提供了大量优质教育资源。这些优质教育资源可供学习者免费学习并共享。

（3）所需工作人员众多。慕课的研发和创造包括完整的课程视频制作、上传到终端、及时回答问题以及组织学生参与对话。任何步骤都需要教学者提供专业指导，需要教育助理、开发人员和实验室助理等工作人员通力合作才能完成。

（4）需要投入大量的资金、时间和精力。慕课通过互联网在全球范围内针对学习者需求进行高质量教授，因此平台需要充足的资金支持。该课程还要求教师投入大量时间和精力提供课程、设计教学，以及学习者花费时间和精力在学习活动中进行社区讨论。

3. 网络化

（1）不受时空限制。慕课的网络化特点体现在通过网络开设讲座和课程。慕课开设者对慕课的内容进行审核之后可以没有时空限制地将课程上传到指定的慕课平台，供学习者自由无障碍地参考学习。

（2）线上学习模式。慕课的网络化特点还体现在线上自由学习和讨论学习多种学习模式共存，学生可以自由地选择适合自己的学习方式。

（3）记录和分析学习行为。慕课系统通过学生的浏览痕迹对学习者日常的学习行为进行记录和分析，管理者能够根据这些记录了解学生的学习情况，从而对课程进行调节，为学生提供更好的学习资源。

4. 个性化

慕课的个性化特点体现在以下三个方面：

（1）学生可以进行个人学习。学习者可以通过教学平台选择学校中没有开设且自己感兴趣和需要的课程，根据自己的时间和空间安排学习。

（2）课程目标的多样化推荐。平台有多重学习模式供学习者选择，学生可以根据自身需要规划自己的学习目标。

（3）针对课程资源的个性化建议。平台基于学习者日常的学习痕迹，对学习行为进行分析和总结，推荐与学习者日常学习有关的学习资源供他们选择和参考，从而大大节省了学习者的时间。

二、慕课在高校体育教学中应用的意义

（一）有利于体育文化交流和高校体育国际化发展

慕课拥有“名校＋名师＋名课”的优质资源，这种优质资源突破了普通高校的资源限制，大大开拓了普通高等学校学生的视野。尤其高校体育教学受到场地器材、师资力量、学校发展基础等诸多因素的影响，通过慕课“名校＋名师＋名课”的资源共享方式，能够使参与慕课学习的所有学生都享受到优质的体育教学资源，学生足不出户就可以领略到世界不同国家的体育文化和体育传统，通过网络与世界各地学习者交流学习心得、讨论体育热点话题，促进

了国际间体育文化的交流和互动，加速了全球体育文化事业的发展。此外，我国属于世界体育大国，但是距离世界体育强国还有很长的一段路要走。慕课拥有世界各国优秀的体育资源，为我国高校体育教学提供了优质的教学资源和宝贵的经验。高校学生通过对国内外优秀体育课程资源的学习，能够掌握体育课程最新的知识和发展动态，学习先进的体育理念和体育文化，增强体育锻炼意识，加快我国向世界体育强国迈进。

（二）有利于延续体育课堂教学和树立终身体育意识

高校体育课堂教学的时间十分有限，完全依赖体育课堂教学不利于学生良好体育运动习惯的养成。而体育慕课不受时间和空间的限制，不仅能够应用于体育课堂教学，也可以广泛应用于学生课余时间的锻炼和学习，是体育课堂教学的有效延续，有利于学生长期的、稳定的体育运动习惯的养成，实现与体育教学课堂内容学习的结合，有效提高学生的身体素质。此外，学校体育作为终身体育的基础，它能使人们掌握体育知识、技能，培养兴趣、爱好，养成锻炼习惯，逐渐培养体育意识。但是学校体育只是体育学习的一个阶段，在体育学习的其他阶段，如何继续培养终身体育意识和锻炼习惯也是我们需要面对的一个难题。在“互联网 +”的背景下，人们通过体育慕课可以随时随地，不分人群、年龄进行继续学习和掌握体育的有关知识和技能，使体育始终伴随左右，这为终身体育意识的树立和锻炼习惯的养成提供了充实的保障。

（三）有利于满足学生个性化发展和推进体育教学改革

慕课拥有庞大的优质教学资源供学习者在线学习，同时，慕课教学模式提倡个性化和创新化的教学思维，不同的体育教师对同一体育教学内容会有不同的理解，学生可以结合自己的兴趣爱好和接受程度进行不同的选择。学生可以结合自己的时间和实际需求，进行体育课程教学之外内容的学习，扩展自身的体育活动体验，进而实现完全个性化的体育发展路径。此外，慕课的出现为教学改革提供了便利条件，利用当今科学技术对教学内容进行碎片化的教学分块，使学生在课前、课中、课后随时可以观看，不受时间、空间和场地的限制，只要有网络的地方就可以实现课前预习，课中学习、讨论，课后作业检查，使教学形成有效的闭环。这样的教学方式改变了教师在教学中的地位，让学生从被动学习变为主动学习，教师从满堂灌变为指导和引导学生学习，碎片化加工更容易使学生高效、快速地掌握教学内容，教学的及时反馈可以使教师在教学中快速进行调整，这为现代高校体育教学的改革和发展注入了新的活力。

三、慕课在高校体育教学中的具体应用

随着信息技术的发展，慕课越来越多地应用在学校日常教学之中。如何因势利导，将慕课与高校体育教学有机结合起来，充分利用好慕课这一教学方式，有效提升我国体育教育教学的质量，成为我国高校体育教学改革的方向和重要议题。慕课在高校体育教学中的具体应用主要有以下几个方面，如图 5-6 所示。

图 5-6　慕课在高校体育教学中的具体应用

（一）慕课在完善体育教学课程体系方面的应用

传统的高校体育课程体系具有一定的局限性，教学资源无法实现充分利用和共享。慕课应用于高校体育课程体系，突破了体育教学时间、地点、场地、器材等方面的限制，能够充分利用网络的便利条件，进行教育资源的共享，进而实现对体育教学课程体系的有效完善。学生可以根据自己的兴趣爱好、时间安排等在慕课平台选择适合自己的课程，这样既节约了时间，又充分利用了慕课的课程安排，实现优质资源的合理利用。教师在体育课程完善的过程中，除了注重学生对体育知识和体育技能的学习之外，更要利用慕课加强对学生体育理念、体育文化、体育精神等方面的综合培养，丰富体育课程教学的内涵，在理论与实践相结合的前提下，促进学生的全面发展。

（二）慕课在优化体育课程设计方面的应用

高校体育教学需要充分应用好微课，培养我国体育教育顶尖的教学队伍，对体育教育的核心课程进行重点打造，突出体育教育教学的特色。高校教师应用慕课对体育课程进行优化设计时，需要明确高校体育教学的目标，充分考虑教学要求、学生学习能力等实际情况，确保体育课程设计的实效性。另外，在这个过程中，教师需要对教学中的重难点进行明确，并通过慕课对这些重难点进行具体化，降低学生的理解难度。① 体育教师可以充分利用慕课的优势，引进世界顶尖相关课程资源，优化体育课程设计，让学生不仅可以更好地学习理论课，还可以学习世界顶尖的理论课，提高学生学习的积极性和自主学习的能力。

（三）慕课在创新体育考评方式方面的应用

体育考评是对教师教学质量和学生学习成果的综合检验，是进行教学方法改革、课程设计优化的基础。传统的体育考评方式比较单一，不能全面发挥体育考评的重要作用。慕课应用于高校体育考评中，为高校体育考评增添了新的活力，丰富了高校体育考评的主体和内容，通过教师与学生、学生与学生之间的相互评价，有效增强了师生之间的互动性，促进了体育学习效率的提高。此外，慕课还可以开展网络评价，这一功能能够有效激发学生对体育学习的积极性和热情。学生为了获得较高的网络评价，会按照在线学习任务和教学要求主动进行学习，促进体育学习的高效完成。网络评价也有利于教师改进教学方式、优化课程设计，进一步完善体育课程体系。

（四）慕课在强化学生服务方面的应用

慕课应用于高校体育教学能够有效满足学生对体育学习的需求，为其提供更为优质的体育学习服务。教师在利用慕课进行体育教学时，可以对课程区域进行有效的调整和设置，满足学生的个性化和差异化需求。另外，对于微课的时长要进行合理设计，以方便学生利用碎片化时间学习。教师在对慕课进行设计时，除了需要引入一些视频资源之外，也需要对动画、文字、图片以及音频

---

① 黄俊玉 . 慕课在高校体育教学中的应用研究 [J]. 中山大学研究生学刊（社会科学版），2015（3）：88–94.

等功能进行灵活运用，进而增强课程设计的趣味性，有效吸引学生。[①] 慕课合理的设计风格和布局，能够增加体育学习的娱乐性和趣味性，为学生提供更贴心、更优质的服务，使学生学习的积极性得到有效提高。

第四节　翻转课堂在高校体育教学中的应用

翻转课堂作为一种全新的体育教学模式，将体育教学与信息科技有机结合在一起，为学生提供了更多体育学习的机会，有效激发了学生的热情，为我国高校体育教育的发展提供了全面全新的发展方向，推动了体育教育的高质量发展。

一、翻转课堂相关知识阐释

（一）翻转课堂的概念

翻转课堂译自“Flipped Classroom”或“Inverted Classroom”，也可译为“颠倒课堂”，是指重新调整课堂内外的时间，将学习的决定权从教师转移给学生。[②] 在翻转课堂教学模式下，课堂内外的教学时间被重新调整。学习的决定权不再属于教师，而是由学生来掌握。学生在课堂教学开始前和课堂教学结束后，可以通过观看视频讲座、收听播客、阅读功能强大的电子书等方式来进行学习，还能通过网络与别的同学进行讨论，随时去查阅自己需要的材料。而在宝贵的课堂时间内，教师不再消耗大量的时间进行信息的讲授，学生也能够专注于学习活动。教师有更多的时间与学生一起交流，研究如何解决问题，从而获得对知识更深层次的理解。在这种模式下，学生自主规划学习节奏、学习内容、学习风格和呈现知识的方式，教师则采用讲授法和协作法来帮助学生促成他们的个性化学习。翻转课堂是对基于印刷术的传统课堂教学结构与教学流程的彻底颠覆，由此引发教师角色、课程模式、管理模式等一系列变革。

① 张国栋，王晓塘．慕课在大学体育课程教学实践中的应用研究 [J]. 佳木斯职业学院学报，2015（8）：366.

② 文倩．翻转课堂的教育心理学基础探析 [J]. 课程教育研究（学法教法研究），2018（16）：43-44.

（二）翻转课堂教学的主要特点

翻转课堂教学的主要特点体现在以下四个方面，如图 5–7 所示。

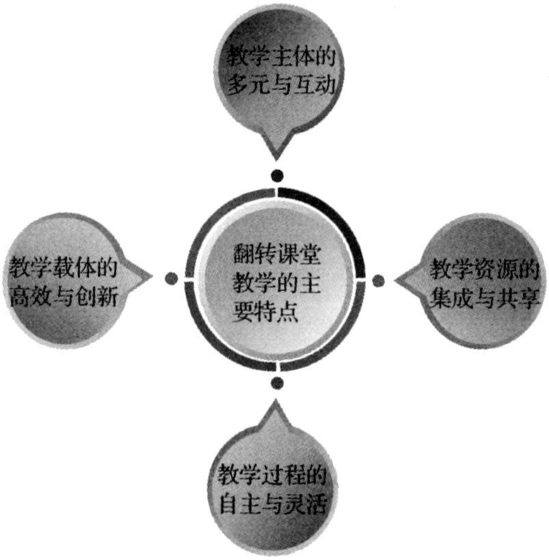

图 5–7　翻转课堂教学的主要特点

1. 教学主体的多元与互动

翻转课堂颠覆了传统的课堂教学模式，教学主体由单一化向多元化转变。在翻转课堂模式下，教学主体不仅包括教师和学生，还包括学校、社会和家庭的共同参与，呈现出多元化的特点。在翻转课堂模式下，学生在家通过教学平台先完成学习，使课堂变成老师和学生之间互动的场所，包括答疑解惑、完成作业等，从而获得更好的教育效果。另外，在翻转课堂模式下，教师从传统课堂中的知识传授者转变为学习的促进者和指导者，教师不再是知识获取的唯一来源，以学生为中心的由教师、学校、社会、家庭组成的多主体知识体系逐渐形成，教学主体之间在教学过程、课堂内外、教学方式等方面的互动、协商都呈现出民主、平等的特点，师生之间关系更为和谐，课堂更为人性化，家长的参与度更高。

2. 教学载体的高效与创新

传统课堂往往以语言与教材作为教学的主要载体，翻转课堂突破了这种局限，借助信息技术，通过微视频的方式构建了新形式的教学载体。微视频短小精悍，突破了教学时间和空间方面的限制，提供了海量的优质信息资源供学生选择和学习，学生可以通过观看微视频，在网上进行问题的交流和讨论，教师可以结合反馈的问题，有针对性地开展课堂教学，师生之间开展探究和互动，加深对知识的理解，全面提高教学效率。

3. 教学过程的自主与灵活

教学过程是指教学活动中教师的“教”和学生的“学”的过程，在这一过程中，教师、学生、教学方法、教学内容等各种要素都会在一定程度上对教学效果产生影响。在翻转课堂模式下，学生可以结合自己的知识水平、学时进度等实际情况自主选择教学内容进行学习，学生对自己的学习负责，通过学习目标的确立、学习进度的自我监督、学习效果的自我评价来自主构建学习过程，完成对学习的相关决策并付诸实践。

另外，翻转课堂具有很大的灵活性，它不拘泥于固定的教学模式，能够针对不同的教学环境、教学对象采用灵活多样的教学方式。在教学过程中的“教”与“学”方面翻转课堂也充分体现了灵活性的特点，“教”与“学”的场域可以根据教学主体、教学内容的不同灵活选择。并且“教”与“学”不再仅仅局限于课堂上，使“教”与“学”的时间更具有灵活性。

4. 教学资源的集成与共享

翻转课堂通过信息技术的支持，将文本资源、图像资源、动画资源、声音资源和视频资源等分散的教学资源进行整合，共同为教学主体提供服务，体现了集成性的特点。这些集成性资源构成了翻转课堂理论知识资源和实践经验资源的内容体系，具有数量大、全面的特点，极大地丰富了课堂教学的内容。同时，这些集成性教学资源不断进行更新、重组，体现了其动态可持续发展的态势。

另外，翻转课堂的教学资源还呈现出共享性的特征。在微视频的支持下翻转课堂为教学资源的共享提供了条件：在课前，师生共享所有教学资源，为知识信息的传递提供了便利。在课堂上，为师生等教学主体提供交流的机会，实现知识信息的深化。翻转课堂大量的教学资源以微视频的形式展现，学生通过简单操作就能实现教学资源的共享，可以获取自己所需要的课程资源。

二、翻转课堂在高校体育教学中应用的意义

（一）促进了体育教学与信息技术的有机融合

随着信息技术的飞速发展，学生的生活和学习方式都发生了重大变化，手机、电脑已经成为学生日常生活和学习的基本工具。翻转课堂作为信息技术发展的产物，它的出现迎合了时代发展的需要和学生的生活学习习惯，改变了传统课堂的单一学习模式，实现了体育教学与信息技术的有机融合，有效调动了学生学习的积极性和主动性。翻转课堂通过丰富而生动的教学资源，创设有益于学生身心发展的客观环境，有效促进了师生之间的互动，提高了学生学习的自主性，提升了高校体育教学的实际教学效果。

（二）有利于体育教学重点内容的精讲精练

高校体育教学的课堂教学时间是定量的，在传统教学模式下，课堂教学主要是教师对知识的讲解传授和学生的内化练习，在有限的时间内老师很难做到重点内容突出和精讲精练的兼顾。而在翻转课堂模式下，学生课前可以通过观看教学视频对教学内容有个初步的认识，遇到难点问题可以通过在线交流平台及时反馈给教师，而教师通过学生的反馈对学生的学前情况和重点难点问题有了一定的掌握，能够在课堂教学中就重点难点问题开展针对性和指导性的讲解。这样有针对性的讲解突出了重点，不必面面俱到，一方面有利于学生对重点知识的理解和掌握，另一方面学生能够有更多的课上时间进行体育实践的练习，达到了精讲精练相结合的目的。

（三）实现了体育教学要素的优化组合

高校体育教学要素主要包括教师、学生、教学目标、教学方法、教学内容、师生关系等，从这个层面上来说，传统课堂教学与翻转课堂教学并没有明显区别。重要的是，翻转课堂对这些教学要素的功能进行准确定位，并在此基础上对教学要素进行优化组合，实现了科学合理的重构。经过翻转课堂对体育教学要素的重构，体育课程资源得到了拓展，师生之间的关系更加和谐融洽，学生的自主性得到了发挥，高校体育教学的形态和结果得到了质的提高和改变。同时，翻转课堂对体育教学要素的重构并没有固定的范式，可以结合实际情况灵活调整，以保证体育教学目的的实现，促进体育教学效果的提升。

（四）促进了体育教学素质教育的实施

素质教育既要重视学生的全面发展，更要重视学生的个性化培养。在翻转课堂教学模式下，学生的学习目标是统一的。学生通过对翻转课堂体育教学内容的学习，积极进行体育锻炼，在精神、意识、行为上受到体育文化和体育精神的潜移默化的影响，人格、精神得到塑造，从而达到全面发展的目的。同时，结合学生的实际情况，体育教师可以制定学生的个体目标，对学生进行个性化培养和发展。学生可以按照自己的学习基础对学习内容进行自主选择，学习中遇到的问题可以随时反馈给教师，方便教师开展个体化、有针对性的指导。这种教学模式能够使学生在学习过程中明确自己的优点和不足，有利于发挥学生的个性和特长，激发学生的学习兴趣。

三、翻转课堂在高校体育教学中的具体应用

翻转课堂颠覆了传统教学模式，能够有效激发学生对体育学习的兴趣，提升教师对教学工作的满意度。特别是随着高校体育教学改革的不断深入，传统的体育教学模式已不再适应社会发展的需求，翻转课堂作为一种新兴的教学模式，对高校体育教学改革起到了积极的推动作用，在高校体育教学课前设计、课堂教学、课后规划等环节得到了广泛应用并发挥了积极作用，如图 5-8 所示。

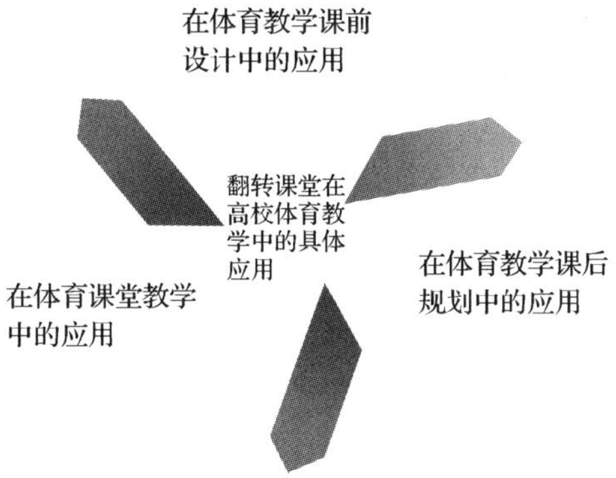

图 5-8　翻转课堂在高校体育教学中的具体应用

（一）翻转课堂在体育教学课前设计中的应用

教学目标是教学活动的出发点和最终归宿，是教学活动的实施方向和预期

达成的结果。在翻转课堂模式下，教师需要在课前明确教学目标，充分做好课前准备，进行相关体育运动项目课程资源包的设计，将教学内容利用演示文稿、视频等方式呈现出来，设计成体育教学资源包并上传到网络平台，实现资源共享。学生对教师分享的资源包自行下载预习，明确课堂教学学习内容，对教师的整体教学框架和教学思路有一个明确的把握，做好课前准备。

需要注意的是，翻转课堂教学内容设计的体系要完整，组织结构要合理，要符合学生的认知水平和特点，并结合教学内容的结构特点进行合理选择。对于教学难度比较大的技术动作，可以通过动画技术、文字说明等方式进行生动具体的展示，方便学生的理解和掌握。教学单元的设计安排要由浅入深、由易到难，循序渐进地组织开展每个教学环节。

（二）翻转课堂在体育课堂教学中的应用

课堂教学的过程是学生提出问题、教师解惑答疑，并通过具体的身体练习形成运动技能，实现知识内化的过程。在体育教学课堂中应用翻转课堂时，体育教师要组织好课堂讨论和交流探究，对学生提出的问题进行分组讨论和交流，教师适时进行引导和点拨。教师应该运用现代化教学媒体，结合线上线下的教学方式，针对每个学生的学习特点，因材施教，让学生回归课堂。翻转课堂实际上是对学生学习方式的改变及对教师教学方法的挑战，主要体现在能够让学生更专注于主动开始基于项目的学习、增加学习中的互动及强化学生探究性学习的过程。体育教师要注重其各个环节的注意事项及对度的把控。翻转课堂中，教师要不断优化教学设计，充分调动学生自主学习的热情。例如，在开展篮球课程教学前，教师通过课前分享制作的教学视频资源包，让学生对篮球运动项目有一个基本的了解。课上，教师要求学生组成若干个小组，每个小组要针对视频教学进行总结和问题反馈，并要求各小组成员要集体进行基本的动作演示，其他小组观看、找出问题并纠正问题。这样的课程教学能够转换师生地位，提升学生的课堂主体地位，发挥学生的主观能动性，让学生自主发现问题、研究问题并解决问题，教师在这一过程中只需要适当地进行引导和辅助即可。

（三）翻转课堂在体育教学课后规划中的应用

实施体育翻转课堂教学时，教师在课堂教学结束后，还需要注意引导学生自主规划学习内容、学习节奏、风格和呈现知识的方式，让他们养成良好的体育学习习惯。另外，教师要对课堂教学中学生的学习情况进行总结，通过总结学生的参与情况、练习效果等反思教学中存在的问题，积极与学生进行互动和交流，以便对教学设计和教学方案进行合理的调整优化。例如，教师在课后根据学生在线上资源学习和技巧掌握中存在的疑问进行了解，统计多数学生在学习中遇到的共同难题，针对难题，制定解决方案，为学生在线解答或在下节课进行现场解答，实现高效的教学互动。另外，要鼓励学生对课堂学习情况和对体育技术动作的掌握进行评价和反思，开展课后的讨论和总结，养成写心得体会的习惯。

第六章　重塑·高校体育教学模式创新发展

第一节　高校快乐体育教学模式

快乐体育教学模式以快乐体育思想为指导，激发体育运动者的乐趣，强调快乐学习的过程，来进行教学程序和方略的设计，以实现学生身心素质提高、培养体育健康意识和习惯等目的。

一、快乐体育教学简述

（一）快乐体育教学的内涵

快乐体育教学模式指的是以运动为基础，教学人员采用适宜的教学方法，既能够使学生的身体得到锻炼，又能够使学生从体育学习中获得快乐心理体验的体育教学模式。快乐体育教学的根本目的是让学生不仅掌握运动技能、进行身体锻炼，更重要的是在运动过程中体会到运动带来的快乐，学会享受运动，使学生体验到参与、理解、掌握以及创新体育运动的乐趣，激发学生对体育运动实践的自觉性和主动性，进而培养学生的终身体育意识，使体育运动成为其生活中不可缺少的一部分。

快乐体育教学是没有特别固定的模式，一般将游戏和比赛加入教学内容，使学生通过初步体验—挑战学习—创造乐趣来寓教于乐，促进学生身体体能和人格教育全面发展的教学思想。快乐体育教学模式注重教学过程的情感功能，重视挖掘体育运动中所独具的乐趣，强调爱的教育和美的教育，倡导以学生为主体，教师对学习过程进行组织和指导，师生之间快乐和谐，共同完成教和学的任务，使学生深刻体验体育运动的意义和乐趣，在促进其个性化发展的同时实现身心的全方位锻炼和发展。

（二）快乐体育教学的特点

快乐体育教学对体育教学工作的指导有一套完整的体系，它在教学过程中能够充分调动起教师和学生双方的积极性，使教学活动在师生关系融洽、快乐合作的气氛中生动开展。学生在体育学习过程中能够充分体验到运动的快乐和克服困难后的愉悦，激发其学习的积极性和主动性，达到育体和育心相结合的育人目的。总的来说，快乐体育教学的特点主要体现在以下几个方面，如图 6–1 所示。

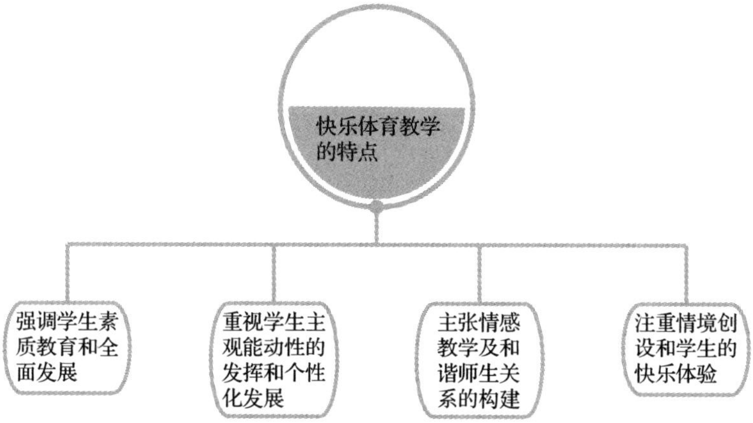

图 6–1　快乐体育教学的特点

1. 强调学生素质教育和全面发展

快乐体育教学模式不仅发展学生某一方面的素质和能力，还强调学生的素质教育和全面发展。首先，快乐体育教学通过教学活动的开展，使学生在快乐中进行体育锻炼，促进了学生身体健康，增强了其体质。其次，学生通过快乐体育教学，在体育运动中的心理素质和道德素养都得到了加强，在体育活动中，学生通过自觉遵守体育运动的相关规范，养成组织性和纪律性，认识到责任感和荣誉感，培养了机智果断、顽强拼搏、团结协作等优良品德。再次，快乐体育教学能够挖掘学生潜能，开发学生的智力和创造力，在体验体育运动乐趣的同时培养他们的体育能力。最后，快乐体育教学通过对学生体能、人格、智能等方面的教学，能够提高学生的综合素质，有助于全方位地培养学生的素质。

2. 重视学生主观能动性的发挥和个性化发展

快乐体育教学充分尊重学生的主体性，把学生作为体育教学服务的对象，充分尊重学生的主体地位，唤起学生的主体意识，进一步促进其主观能动性的发挥。传统体育教学中学生处于被动接受的地位，主观能动性得不到很好的发挥。快乐体育教学使学生在快乐愉悦的氛围中开展体育学习，有助于学生思维的开发和主观能动性的发挥。此外，快乐体育教学具有很大的灵活性，教师在教学过程中针对每个学生的特点及长处因材施教，使学生在进行体育锻炼的时候自身获得满足感，在主观能动性得到发挥的同时个性得到进一步发展。

3. 主张情感教学及和谐师生关系的构建

快乐体育教学认为教学活动是认知、情感和行为的统一。高校体育教学与其他文化课教学相比存在一定的特殊性，在动态化的快乐体育教学过程中，快乐的情绪和愉悦的情感体验能够激发学生学习的信心和力量，调动学生学习的积极性。此外，在快乐体育教学教与学的过程中，学生作为教学的主体，老师作为教学的主导，师生之间积极互动合作，构建起和谐的师生关系。这种教学方式能够使学生充分享受到体育的快乐，在体育学习过程中得到教师的鼓励和指导，在和谐的氛围中形成积极的人生态度。

4. 注重情境创设和学生的快乐体验

快乐体育教学模式注重教学情境的创设，生动充满趣味性的良好教学情境能够丰富学生的感性知识，激发其强烈的好奇心和求知欲，能够使体育教学过程变得亲切、自由和愉悦，不但有利于体育教学社会功能的发挥，而且对提高体育教学效果起到事半功倍的作用。此外，快乐体育教学采用灵活多变的体育教学方法，诱发学生对体育学习的兴趣，强调学生在体育学习过程中的快乐情感体验。并且，快乐体育教学利用游戏和竞赛，让学生广泛参与到体育运动中来，体验成功的喜悦，在体育教学的过程中做到收放适度，使学生充分享受体育运动的乐趣。

（三）快乐体育教学的优势体现

1. 有助于培养学生终身体育观念

早在20世纪50年代，快乐体育的思想就已经萌芽，尽管快乐体育的出现一直伴随着各种争议，但是快乐体育教学能够让学生更好更快地掌握运动技术技能是不争的事实。快乐体育不仅是一种教学方法，也是一种教育思想，它主张以全面育人作为教学的出发点和最终归宿，强调乐学与好学、育体与育心相结合，营造师生之间、学生之间和谐愉快的教学环境，在锻炼身体的同时磨炼意志、陶冶情操，使学生的身心获得全面的发展。快乐体育教学有利于学生主体性的发挥，激发他们对体育运动的兴趣，增强体育锻炼的信心并自觉养成体育锻炼的习惯，这种习惯一旦形成将伴随他们一生，形成终身体育的观念。

2. 有助于学生获得快乐运动体验

快乐体育教学模式强调学生在体育学习过程中的快乐情感体验，采用灵活、多样的教学方法，将游戏和竞赛元素融入体育课堂，引发学生的好奇心，提高学生参与体育运动的兴趣。快乐体育教学模式能够盘活体育教学，使学生在轻松愉悦的氛围中开展体育学习，用心感受体育运动带来的乐趣。这种积极情绪的引导使学生能够主动参与到体育技能的学习中来，树立积极健康的体育运动心态。学生对学习的主动性和自信心增加，体育学习效率必然提升，这种新型、高效、和谐的体育教学模式的构建，也能够调动老师的积极情绪和快乐体验，使师生一起参与到快乐轻松的体育教学活动中来。

3. 有助于学生身心健康发展

快乐体育重视学生体育教学过程中快乐情感体验的同时尊重学生的个体差异，帮助学生树立体育学习的自信心。在教学过程中，快乐体育教学注重启发性和鼓励性教学，使每个个体都拥有充分展示自己的机会，通过体育运动获得成功的体验，这种积极情绪能够增加学生的自我存在感，激励其继续努力和前进，进一步增加对体育学习的自信心。这种在乐中学、在趣中学的教学模式，能够使学生获得有效的体育锻炼，促进身体的健康发展。同时，对体育学习的兴趣在长期的坚持下转变为志趣，形成良好的习惯和心理素质，促进学生身心共同发展。

4. 有助于加强学生的社会交往能力

在快乐体育教学模式下，体育活动大多以集体性、娱乐性活动为主，在教学活动的开展过程中，学生之间的交流和接触十分频繁，在这种互动关系不断加强的影响下，学生的社会适应能力在无形中得到了提高。学生在集体活动中逐渐学会处理人与人之间的关系、个人利益与团体利益之间的关系，明白团队精神和协作精神的重要性，这对以后学生进入社会处理人际关系是一次实践、一个范本。有助于学生社会适应能力的形成和社会交往能力的提高。

二、高校快乐体育教学过程的组成

快乐体育教学的过程由教学准备部分、教学实施部分和教学评价部分三部分组成，如图 6–2 所示。

图 6–2　快乐体育教学的过程

（一）教学准备部分

在教学准备部分这一教学阶段，教师需要掌握教学的信息、了解教学对象、制订相应的教学计划。教师要指导学生对教学内容进行预习，了解教学中的重点和难点，使学生做好开展体育学习的准备工作，做到心中有数。在这一阶段，教师要充分激发学生学习的主动性，鼓励学生善于想象、勇于创新，自觉培养良好的体育习惯。

（二）教学实施部分

在教学实施部分这一教学阶段，教师需要发动学生广泛参与到体育教学中来，由学生自由选择相关体育运动项目、自由编组、自主学习与锻炼，教师就学生在练习过程中所遇到的困难和问题给予适当的指导和帮助。同时，教师要依据教学过程中学生选取的体育运动项目的情况以及他们的认知水平、运动能力等制定相应的教学目标。学生围绕教学目标可以采用多形式的学练方法，同时通过集体智慧来解决学习过程中出现的各种问题。

（三）教学评价部分

教学评价部分是教学活动的最后程序，教学评价的目的是了解教学效果，通过学生对运动技能的掌握情况、快乐体育课堂情境氛围的创设情况等方面反馈的信息，发现快乐体育教学过程中存在的不足，以便采取及时的补救措施。快乐体育教学过程的评价有利于检查和了解教学效果，及时查漏补缺，进一步提高体育教师的教学水平。

三、高校快乐体育教学的实施原则

（一）价值性原则

快乐体育教学在实施过程中首先要树立素质教育的价值观，以学生快乐体验教学为主，结合认知规律，对体育教材进行审视和总结。在审视和总结教材的基础上，构建体育教材显性内涵（体育技术）与隐性内涵（体育原理、体育战术、体育规则等）的合理组合，适应素质教育发展的体育教学模式，有效开展体育教学活动，培养学生的体育意识，使其自觉养成终身体育锻炼的习惯。

（二）个性化原则

快乐体育教学要尊重学生的个性化发展。在体育教学活动中教师要充分认识到学生之间存在的个体差异。结合学生的不同情况对课堂教学目标进行分层次设置和处理，使不同层次的学生都能清楚自己的学习目标，充分调动学生个体的积极性和自觉性，鼓励他们的个性化发展，提倡学习能力比较强的学生向更高的学习目标迈进，激励他们有信心完成目标，从而达到提高体育教学效果的目的。

（三）综合化原则

体育教学过程中受到教师、学生、教学内容、教学环境、组织方法等多种要素的影响。快乐体育教学中要综合考虑各要素对教学过程产生的影响，还要考虑各要素之间的相互关系对教学过程产生的影响。在教学过程中要紧紧把握核心问题，发挥好教与学的积极性，创设学生自主学习的时间和空间，实现教学过程中各要素全面参与、综合优化，更好地实现体育教学目标。

（四）分层递进原则

快乐体育教学需要遵循分层递进的原则，体育教学程序的组织和实施过程要按照一定的步骤，一步步完成，逐渐提高。在进行教学进度、教学评价等标准的设计时，也要注意分层递进的原则，通过直观量化的分层次标准的制定，每一步都有清晰的目标，逐步达到体育教学的目的，实现体育教学效果的提升。

四、高校快乐体育教学的实施路径

快乐体育教学是时代发展的产物，强调快乐学习情绪在教学过程中的贯穿，挖掘体育运动的内在乐趣，激励学生热爱体育，获得主观、快乐、个性化的发展。高校快乐体育教学在具体实施过程中需要从以下几个方面开展：

1. 开展关于快乐体育的广泛宣传

传统教学思想对体育教学的重要性认识不够，快乐体育教学作为一种新兴的体育教学模式，对人们来说更是比较陌生，因此，学校要广泛开展关于快乐体育教学的宣传活动。首先，学校要对教师进行快乐体育的相关培训，使其明确快乐体育教学的相关思想，意识到其重要性，促进快乐体育教学模式在体育教学中的融入和落实。其次，学校应该定期举办关于快乐体育的相关讲座，加深广大师生对快乐体育思想及教学的认知和了解。最后，学校要多组织包括快乐体育元素的运动会、体育竞赛等，将快乐体育思想融入到运动实践中去，使广大师生在体育实践活动中充分体会到快乐体育的真谛。

2. 建立和谐的师生关系

和谐的师生关系是高校开展快乐体育教学的重要基础，对提高学生的体育学习效果也大有裨益。首先，教师要时刻注意自己的言谈举止，在学生面前树立良好的师德形象，提高学生对教师的信任和好感，为快乐体育教学的顺利开展和教学内容的顺利推进夯实基础。其次，教师要把快乐体育思想充分融入体育教学，结合学生的实际情况，制定切实可行的教学方案，营造轻松快乐的课堂氛围，在愉快的氛围中拉近与学生之间的距离。再次，教师在教学过程中要善于发现学生身上的亮点，多关注和鼓励学生，要重视与学生之间的情感交流，多倾听他们的心声，做他们学习和生活中的良师益友。最后，在体育课堂实践活动中，教师要走到学生中间，形成有效的师生互动，促进良好的师生关系的构建和升华。

3. 明确学生在快乐体育教学中的主体地位

传统体育教学过分强调教师的主导地位，学生处于被动接受的状态，主动性和积极性得不到有效发挥。快乐体育教学的实施需要强化学生在体育教学中的主体地位，充分尊重学生在体育教学中的个人意愿和选择，以学生为中心营造轻松愉快的教学氛围，积极调动学生对体育学习的热情和兴趣，使学生在体育教学过程中产生快乐的体验，以更饱满的热情、更积极的心态投入到以后的体育学习中去。此外，在快乐体育教学的实施过程中，要注意每个学生的体育学习基础、目标以及方式均是不同的，教师只有根据学生的实际情况和需求因材施教，鼓励并引导学生，才能取得良好的教学效果。

4. 重视学生个性培养和潜能挖掘

在快乐体育教学的实施过程中，教师要注重对学生的个性培养和潜能挖掘。在快乐体育教学活动中，教师要灵活选择教材和教学方法，结合快乐体育的教学思想和学生实际情况，灵活、能动地对教材进行选择和处理，增加趣味性的教材内容，调动学生学习积极性和主动性，给学生提供充分展现自我、表现自我的空间和舞台，促进学生个性的全面发展。同时，要重视对学生潜能的挖掘。要重视课堂上学生针对体育动作和比赛策略等方面的个人意见，这些意见可能相对不太成熟，但当学生认真地给出个人见解时，教师都要给予充分的鼓励和肯定。教师可以通过合理性研讨的形式来对学生的见解进行纠正，也就是说，教师需要尽量以正面的情绪引导学生的个性化思维，尊重且鼓励学生在参与体育活动的同时积极思考，积极挖掘其潜能，鼓励他们创新思维和创造意识的培养和发展。

5. 有效组织快乐体育教学工作

快乐体育教学的主要目的是以运动为基础让学生逐渐认识运动、爱上运动、终身运动。这就要求教师对体育教学工作进行合理安排和有效组织。体育教学与一般文化课教学不同，体育教学主要通过对体育动作和技能的反复练习来促进身体的发展、增强体质。因此，在快乐体育教学过程中，需要将快乐体育的思想进一步落到实处，在体育运动实践中获得更好的效果。在快乐体育教学中要善于引入游戏化因素，游戏的形式要新颖。具体的体育游戏项目可以结合学生的兴趣爱好来选择，也可由学生即兴创造，这样能够吸引学生更好地参与到课堂教学活动中来，突出了学生的主体地位，学生的主动性得到充分发挥，无论是进行体育游戏项目的选择还是进行游戏项目的创造，学生都是主动的、快乐的。这种轻松快乐的教学模式能够带给学生新奇的体验和情绪感染。同时在游戏过程中学生们之间的情感交流、深度合作等，还会给学生带来不同的情感和心理体验，培养他们的集体主义观念和团结协作精神，使他们更深刻地体验体育运动项目的魅力与活力。

总之，快乐体育教学需要积极贯彻快乐体育的教育思想，灵活运用快乐体育的教学方法，通过体育教学内容积极践行快乐体育的理念和精神，通过快乐情感教学，激发学生学习体育的热情和兴趣，使整个教学过程充满快乐和谐的气氛和情感，促进体育教学的有效开展和学生的全面发展。

第二节　高校体育俱乐部教学模式

高校体育教学中俱乐部教学模式的引入是一项重大突破，有利于我国体育教育的创新和素质教育的持续推进。高校体育俱乐部教学模式能够有效激发学生对体育学习的兴趣，能够在锻炼学生身体素质的同时积极培养学生的体育精神。

一、体育俱乐部教学简述

（一）体育俱乐部教学的内涵

体育俱乐部教学是由学生自主选择教师和根据教学条件所开设的项目，通过系统学习该项目的原理与方法、组织与欣赏等方面的知识和能力培养，从而达到真正掌握一至两项终身从事的体育锻炼运动项目的一种教学模式。[①]体育俱乐部教学充分考虑学生的需求，鼓励学生培养个人兴趣爱好和发挥体育才能，注重学生个性的培养和发展，帮助学生掌握体育锻炼的技能

① 李慧林，常向丰．高职院校实施体育俱乐部教学模式初探[J]. 内蒙古体育科技，2009（3）：98-99.

和方法，并使体育锻炼习惯成为生活的一部分，实现学校体育向终身体育的过渡。

体育俱乐部教学模式是由学校和学生共同参与组织的新型教学模式，它将课外体育锻炼与体育教学有机地结合起来，必修课与选修课相互结合，学生可以根据自己的兴趣、爱好、特长来自愿选择参加的体育运动项目，积极主动参加学习，并通过在体育运动项目和相关竞赛中担任不同的角色，来增进自我学习和自我锻炼，充分发挥自己所长，在参与体育活动的过程中实现身心全方位的健康成长。

（二）体育俱乐部教学的特点

1. 教学目标的多元性和层次性

体育俱乐部教学的教学目标具有多元性的特点：一是尊重学生的主体地位，帮助学生树立终身参与体育运动的思想意识与习惯；二是巩固学生的体育理论知识和运动技能，增强学生的身体素质，促使其养成良好的体育锻炼习惯；三是培养学生良好的竞争意识和合作精神，促进其良好习惯的养成和社会交往能力的提升；四是坚持体育思想品德教育，切实促进学生综合素养的提升。

此外，体育俱乐部教学的教学目标具有层次性的特点，在教学过程中既注重教学目的与学校教育目标的理念与思想，又考虑到体育课程目标和学段目标的教学效果，使体育教学设置更加科学合理，各层次教学目标充分考虑了体育俱乐部教学的实际情况和学生的个体差异，对体育教学起到了明确的导向和激励作用。

2. 教学过程的主动性和灵活性

在体育俱乐部教学的教学过程中，学生能够依照自己的兴趣爱好对体育运动项目进行选择。自主选择的体育项目能够转化为激励学生学习的内在动力，由于学生对自主选择的运动项目具有浓厚的兴趣和热爱的情感，能够积极参与到该运动项目中去，并不断努力提高自己的技能水平，从中获得巨大满足并体验到愉悦感，进而持之以恒地进行锻炼，养成终身锻炼的习惯。体育俱乐部教学的教学过程还具有很大的灵活性，注重与课外体育俱乐部形式的结合，灵活组织学生进行体育锻炼，综合利用各校自身的综合优势，充分发挥课外体育训练和竞赛的积极作用，促进体育俱乐部教学的顺利开展。

3. 教学内容的人本性和丰富性

体育俱乐部教学的教学内容具有人本性的特点。体育俱乐部教学以学生为主体，由学生自主选择所要学习的体育课程、任课教师和学习时间。同时，体育俱乐部教学针对学生对体育不同的需求，设置不同的学习内容与考核标准，以提高体育专项运动能力为目标。这种体育教学模式充分体现了人性化的特点，为学生树立终身体育思想打下基础，使他们养成运动习惯，为学校体育与社会体育接轨奠定了基础。

体育俱乐部教学的教学内容还具有丰富性的特点，体育内容不但包含篮球、足球、武术、游泳等传统项目，还可以开展一些课外体育运动，如登山、定向越野、攀岩、拓展训练等新兴项目。体育俱乐部教学是传统体育课堂教学内容的有效延伸和补充，极大丰富了体育教学的内容，激发了学生对体育运动的兴趣，促进其身心的全面发展。

（三）体育俱乐部教学的优势体现

1. 有助于调动教师和学生的积极性，提升教学效果

体育俱乐部教学模式突破了课时的限制，实行互动、开放的教学，并很好地引进了竞争机制，将学生置于主体地位，学生可以自主选择自己喜欢的体育运动项目和体育教师，使师生关系更加融洽，有效调动了教师和学生双方的积极性。教师在体育俱乐部教学中教得更轻松、授课更生动；学生学得更加积极、专注。如此一来，教师和学生之间形成了良好的互动，有利于提高教学水平，达到预期的教学效果。

2. 有助于实现体育教学的教学目标

在素质教育背景下，体育教学不仅要重视学生身体素质的发展，而且提倡实施智育、德育、美育全面发展的教学目标。体育俱乐部教学通过不同的形式调动学生对体育运动的热情，在充分尊重学生发展的同时提高他们的体育技能，注重其全面发展。可以看出，体育俱乐部模式与体育教学目标所倡导的素质教学方向是一致的，这种教学模式集体能体育、技能体育、自我发展能力于一体，强调课内外学习的有机结合，重视体育文化素养的培育，将学校教育融入到社会教育之中，提升学生的社会适应能力和整体素质，对促进体育教学目

标的实现具有十分重要的作用。

3. 有助于提高学生的运动技能水平，帮助学生确立健康体育的思想

体育俱乐部教学在传授给学生体育知识的同时提高了学生的体育运动技能，有利于培养学生健康运动和终身体育的思想。体育俱乐部教学是以学生为主体开展的群体性教学活动，学生通过共同的兴趣和爱好走到一起，体育俱乐部教学通过举办各种体育竞赛和体育运动项目活动，使学生在相互交流中提高运动技能，增长知识、拓宽视野，逐步形成终身体育的思想和理念。

4. 有助于激发学生对体育的兴趣，促进其个性发展

体育俱乐部教学模式给学生留下了根据自己的兴趣自由选择体育项目、自由选择体育教师的空间，这在很大程度上激发了学生对体育的兴趣，而且体育俱乐部教学模式也充分体现了素质教育促进学生个性发展的目标，教学中将选择权交给学生，让学生择其所好、学其所能、展其所长，使学生的品格、智力、需求和自我价值等个性得到充分发展。

5. 有助于促进校园文化建设

体育俱乐部是一种新型的校园体育文化活动，满足素质教育的要求，也符合当前高校的实际，逐步被高校师生所认同，同时也成为高校校园文化的热点。体育俱乐部的建立无疑给校园文化添上了浓墨重彩的一笔，它将许多兴趣爱好相同的学生融合在一起，集娱乐、健身、竞赛于一体，让高校的体育活动呈现出一派生机勃勃的景象。

二、高校体育俱乐部教学在实施中应该注意的问题

（一）多渠道引进资金

高校俱乐部教学所需经费巨大，完全由学校来承担的话压力会比较大。学校要扩宽融资渠道，广泛发动社会各界力量，争取更多的社会赞助，这样才能满足高校俱乐部教学的需要，保证高校体育俱乐部教学活动的顺利开展。体育赞助对于高校体育俱乐部的发展有着巨大的资金保障作用。不仅能增加体育部门的财富，增强体育运动的活力和动力，而且也能促进经济的增长，提高赞助者的竞争力和影响力。要充分认识到体育赞助对高校体育事业发展的重要意义，加大对高校体育资源市场的宣传力度，对体育赞助持积极态度，鼓励企

业、公司和个人对高校体育事业进行资金支持和商业性赞助等行为，对相关赞助企业和公司给予优惠。

（二）注意课内外一体化教学

高校体育俱乐部教学在实施过程中要注意课内外一体化的原则，无论是构建课内体育俱乐部还是课外体育俱乐部、课内外结合体育俱乐部，乃至竞技体育俱乐部，都应该统一规划，建立逐级监督制度。由主管体育工作的校长负责各种俱乐部总体规划的制定，负责督促检查俱乐部的工作安排。俱乐部主任负责俱乐部的工作计划进度的安排，检查每位老师工作的执行情况。各位老师要完成本人的工作计划，建立每一个同学的档案，以备查询。俱乐部里的学生体育骨干负责召集体育俱乐部的成员参加活动，完成具体的工作。例如，组织各种教学比赛，负责裁判员工作，监督学生的体育活动完成情况等，从而在俱乐部里起到模范带头作用。

（三）注意运动项目的非竞技性

高校体育俱乐部教学的主要目的是强身健体，而不是为国家输送竞技体育人才，因此，在体育俱乐部教学中设置一些体育运动项目时，要充分考虑这些运动的健身作用，弱化竞技元素，增加一些游戏性和娱乐性元素，确保体育项目更符合学校教育的需要，具有挑战性的同时更兼具趣味性。例如，女生相对喜欢运动量相对较小的休闲项目，如乒乓球、羽毛球、游泳等；而男生则多喜欢网球、篮球、足球等。高校开设这些专项体育俱乐部，可以达到让学生在娱乐中健身、在“玩”中锻炼的目的，而且这些项目具有很强的大众化趋势，走出校园仍旧是一项很好的终身体育项目，可以作为工作生活中不可或缺的健身帮手。

三、高校体育俱乐部教学的实施路径

高校体育俱乐部教学以学生为中心组建和运行，有利于学生体育特长和才能的发挥，实现学生的自我管理和自我约束，全面提高学生的身体素质，引导学生形成良好的生活习惯和终身体育意识。高校体育俱乐部教学的具体实施路径，如图 6-3 所示。

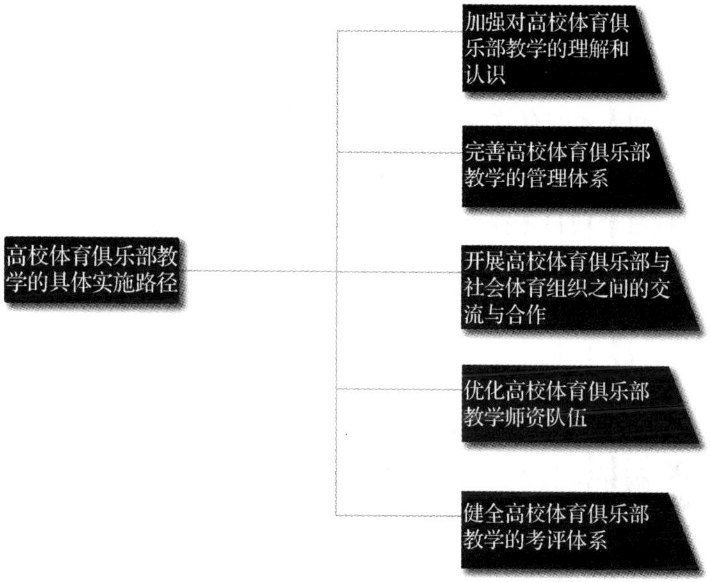

图 6-3　高校体育俱乐部教学的具体实施路径

（一）加强对高校体育俱乐部教学的理解和认识

高校体育俱乐部教学的实施需要建立在对其内涵、价值等多方面深入了解和认识的基础上，要明确高校体育俱乐部与社会职业性体育娱乐部之间的本质区别。高校体育俱乐部教学是高等院校体育课程改革的重要拓展和深化，是根据当代大学生的特点及进行体育锻炼的实际情况和需求而提出的体育课程教学模式。高校体育俱乐部教学的根本目的在于实现课内外一体化，调动和激发学生体育锻炼的积极性和主观能动性，使他们加强对体育锻炼重要性的认识，树立正确的体育锻炼价值观，以及深入理解高校体育俱乐部教学模式的真正内涵，紧密结合自身的身体状况与体育课程的学习情况，高质量、高效率地学习体育知识与技能。

（二）完善高校体育俱乐部教学的管理体系

完善高校体育俱乐部教学的管理体系是深化高校体育教学模式改革的根本保证。高校体育俱乐部教学需要建立科学合理的运行机制，进一步明确体育俱乐部教学的目标、组织、管理、约束和评价等体系。高校体育俱乐部教学在运行过程中制定相关管理机制和要求，明确各部门之间的分工，制定严格详细的管理办法和考勤机制，严格按照要求来执行各项工作，以保证体育俱乐部教学的顺利开展。高校体育俱乐部应当选拔专业素质过硬、交际能力较强的教师担任管理骨干，让每个俱乐部都有相关的责任人，责任义务明晰，分层次逐级管理，实现资源和人才的有效合理配置，合理规划学生的运动时间，对学校的硬件器材进行维护和管理，引导学生选择适合自己的运动项目，避免因学生的自主选择而出现某个项目选择人数过多的现象。在阶段性的俱乐部活动结束后，要组织学生进行相关反馈总结，为俱乐部更好地发展提供合理化建议，实现俱乐部教学管理体系的不断完善，从而达到不断提高学生运动兴趣、提高学生身体素质的最终目的。

（三）开展高校体育俱乐部与社会体育组织之间的交流与合作

高校体育俱乐部教学在实施过程中要开展与社会组织之间的广泛交流合作，高校体育俱乐部和社会体育组织之间在资源方面具有各自不同的优势，二者之间的交流合作，能够实现体育资源的互补，满足各自不同的资源需求。社会体育组织走入高校，高校体育俱乐部进入社会，二者之间的广泛交流合作能够实现体育场地、人力、资金等资源方面的合理配置和高效利用。高校体育俱乐部与社会体育组织共同参加体育活动，二者可以相互促进，也可以根据各自的实际需求，共同组建双方都需要体育俱乐部，实现在原有模式上的创新，做到与时俱进、共同发展。

（四）优化高校体育俱乐部教学师资队伍

师资队伍水平直接关系着高校体育俱乐部教学的实施效果和质量。高校体育俱乐部教学以学生的主动学习为主，教师在教学中充当组织者、指导者和答疑者的角色，这对教师的体育知识储备、体育技术技能水平、体育实践能力等体育专项水平及组织教学能力提出了更高的要求。高校体育教学队伍要不断优化，教师必须具备扎实的理论知识和较高的实践能力，才能高效引导学生开展体育学习和体育锻炼，实现教与学之间的相互交流和相互促进。此外，高校体育俱乐部需要有计划、有步骤、有目标地推进体育教师的培训，定期或不定期举办各种类型的体育座谈会、体育比赛、体育观摩等活动，提高教师的知识技能水平和专业素养，更好适应高校体育俱乐部教学的发展要求。

（五）健全高校体育俱乐部教学的考评体系

传统体育教学模式对学生的考核大多采取定量考评、静态考评的方式，没有充分考虑学生之间存在的个体差异。高校体育俱乐部教学需要建立多方位、全面的考评方式，不能将学生成绩作为单一考评标准，而要对其综合素质进行全面考评，帮助学生发现自己的潜在优势和特长，激发他们对体育运动的积极性。在对学生进行定量考评的同时也要进行定性考评；坚持静态评价与动态评价相结合。此外，要重视考评反馈，以考核和评价为契机，发现教学中的不足和存在的问题，有效掌握学生的学习情况和学习效果，帮助学生继续进步以及取得教学效果的进一步提升。

总之，高校体育俱乐部教学符合现代体育的时代特征和发展特点，能够充分发挥学生的主体作用，培养学生自主学习的能力，使学生的个性得到充分发展，达到促进学生身心发展的目的。高校体育俱乐部教学对实现高校体育教学目标、推进学生终身体育思想的树立具有积极的作用，是我国高校体育改革发展的必然趋势。

第三节　高校体育合作学习教学模式

体育合作学习教学模式也是我国体育课程改革所倡导的重要学习方式之一。高校体育合作学习教学模式有利于转变学生的学习态度，构建良好的学习氛围，促进学生之间的人际交往，提升他们的合作意识与社会交往能力，促进体育教学质量的全面提高。

一、体育合作学习教学简述

（一）体育合作学习教学的内涵

关于体育合作学习教学，目前学术界还没有特别统一确切的定义。合作学习教学主张尊重学生的人格和个性发展，通过老师与学生、学生与学生之间通力合作，以小组学习为主要手段来实现教学目的。体育合作学习教学模式是在体育教学理论与实践活动的开展中逐步形成并发展完善起来的，是指在教师的指导和学生的参与下，通过运动，利用适宜的条件，创造一种较为复杂的运动环境，使学生通过个人的努力或与同伴进行合作学习，克服困难，完成任务，促进学生交流与协作意识双重发展的一种教学形式。体育合作学习教学一般通过小组合作学习的形式进行，充分利用教学动态因素之间的互动，在教师的指导和调控下，学生之间相互合作、相互帮助开展合作学习，促进体育教学目标达成。

（二）体育合作学习教学的特点

体育合作学习教学的特点主要体现在以下几个方面，如图 6–4 所示。

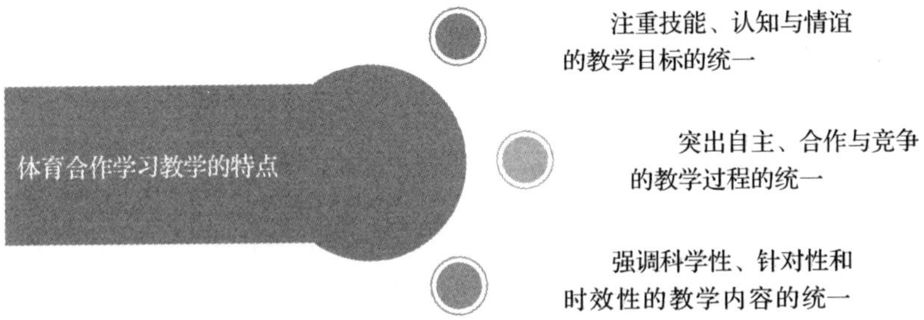

图 6–4 体育合作学习教学的特点

1. 注重技能、认知与情谊的教学目标的统一

体育合作学习教学在教学目标的设计上，不但注重学生对体育技能的掌握，还强调体育教学工作的认知目标和情谊目标，注重三者的统一发展。在体育实践教学过程中，学生除了能够获得知识认知方面的发展，学到相关体育运动技能之外，还能够充分体会到体育学习的乐趣，提高学习的主动性和积极性，精神需求方面得到进一步满足，使教学效果获得进一步提升。

2. 突出自主、合作与竞争的教学过程的统一

体育合作学习教学中学生处于主体地位，教师在教学活动中扮演管理者和咨询者的角色。在教学过程中学生的主动性、团队合作意识和竞争意识得到进一步的加强：主动性主要体现在学生通过积极主动学习发现自己体育知识以及体育能力方面存在的不足，适时调整自己的学习策略，能够主动通过知识学习、技能锻炼和能力培养提高自己的综合素质和能力；团队合作意识主要体现在学生在合作学习教学过程中注重学习的系统性、全面性和科学性，在团队中积极进行知识的共同学习和共同分享，通过相互合作促进教学目标的实现；竞争意识主要体现在合作学习教学过程中学习小组之间、团队之间以及内部学生之间存在竞争关系，通过这种团体以及个人之间的竞争来激发个体的学习动力

和学习兴趣，促进教学目标和教学任务的圆满完成。总之，合作学习教学过程中，自主、合作与竞争的统一有利于激发学生对体育学习的动力和兴趣，推动体育教学目标的实现。

3. 强调科学性、针对性和时效性的教学内容的统一

体育合作学习教学对教学内容的选择强调科学性、针对性和实效性的统一。科学性指的是体育合作学习教学选择的教学内容要适合在学习小组之间的开展教学，能够调动学习小组成员的积极性，激励他们发挥各自的优势和特长，促进教学目标的高质量完成；针对性指的是体育合作学习的教学内容选择要根据国家教育政策，结合学校和学生的实际情况和具体特点，有利于学习小组和团队之间有针对性地开展学习和研究，从而实现教学效果的明显提升；实效性指的是体育合作学习教学在进行内容选择时，要充分考虑所选择的教学内容的可行性以及最终的学习效果。总之，体育合作学习教学在开展过程中要强调教学内容科学性、针对性和时效性的统一，从而有效激发学生学习兴趣，促进教学效果的提升。

（三）体育合作学习教学的优势体现

1. 有利于愉快学习氛围的营造

体育合作教学创设了和谐融洽的教学环境，使学生能够在宽松愉快的氛围中高效学习。在教学过程中老师和学生、学生和学生、小组和小组之间相互协作，有利于和谐的人际关系的建立。同时，学生能够在小组活动中畅所欲言，产生思想上的共鸣和情感上的交融，彼此之间相互鼓励，使体育学习变得更为生动有趣，从而促进个人和集体的共同进步。

2. 有利于促进学生主体作用的发挥

体育合作学习教学往往以小组的方式开展教学活动，这种团队型群体合作活动更容易激发个体的潜在能力和集体荣誉感，在群体合作过程中，团队中的成员之间相互理解、相互鼓励，拥有共同的团队目标和活动动机，容易形成统一的意志，从而促进体育教学取得最大成效。同时在团队活动中，团队成员之间通过相互配合、动作协同、默契合作，建立起特殊的关系与友谊，这种友好合作关系的建立，既发挥了学生的主体作用，又培养了其良好的个性品质。

3. 有利于人际交往关系的加强

体育合作学习教学的小组活动形式，可以提高小组成员的兴趣、意志、竞争和激情，对体育活动起着导向、维持、促进和创新作用。交往中的每个人既是客体又是主体，每个人都在交往过程中加入自己的主观意识并做出自己的贡献。正因为有这些优势，不管从锻炼身体的角度还是从情感交流、社会的意识等角度来看，都极大地丰富了体育教学的内涵。

4. 有利于促进学生的全面发展

体育合作学习教学为学生的发展提供了自由空间，鼓励学生个性的发展，充分挖掘学生的内在潜力。在团体性活动中，学生需要进行组织调配、相互交流，开展广泛合作，小组之间进行比赛竞争等，这有效促进了学生综合能力的提高和发展。在促进学生个性发展的同时又培养了其团队协作精神，在协作过程中帮助学生养成尊重他人、发现他人优点的美德，树立正确的集体观念和良好的现代竞争意识，促进其社会适应能力的提高和全面发展。

二、高校体育合作学习教学实施中应该注意的问题

（一）注意学生合作技能的培养

在高校体育合作学习教学的实施中，教师要注意学生合作技能的培养。教师要帮助学生在学习过程中认识到合作技能的重要性，组织学生多进行合作技能方面的训练，在合作过程中鼓励学生组成小组共同参与到体育技能的学习中，通过相互合作，锻炼学生的社交能力，培养其体育合作技能及社交技能，使学生在体育教学中养成合作行为习惯。

（二）注意教学过程中分组的合理性

高校体育合作学习教学在实施过程中要注意对教学过程的精心设计和合理性。在进行分组学习时，要打破传统的教学分组习惯，创设一种民主、自由的分组方式。此外，教师要对分组提供合理的指导，要结合教学大纲、体育教材特点和教学重点，指导分组科学合理进行。使学生通过分组实现广泛的交流与合作，在分组中灵活运用角色变化、小组竞赛等方式，提升体育教学的实际效果。

（三）注意“收”和“放”关系的正确处理

高校体育合作学习教学中要注意正确处理“收”和“放”的关系。“收”

指的是教学过程中教师统一、集中的教学；“放”指的是教学过程中学生自主学习的空间。在高校体育合作学习教学过程中，实施的是小组之间开放式、互助式学习，学习的主动权掌握在学生手里，学生在学习时间和学习空间上拥有较多的自由分配的权利。但是，这并不意味着高校体育合作学习教学是“放羊式”的教学，教师在教学活动中起着不可忽视的指导性作用，目的是帮助学生通过群体的合作学习，培养学生自主学习、自主探究和自主解决问题的能力，进而培养其合作意识和创新精神，这种教学过程采用了收放有序、统而有法的灵活教学模式。

三、高校体育合作学习教学的实施路径

高校体育合作学习教学能够促进学生主动学习和自主发展，有利于充分发挥学生的主体作用，激发学生参与体育学习的热情和信心，有利于培养学生的竞争意识、团队意识和创造性思维，通过小组成员之间的协作，使个体差异在集体教学中发挥积极作用。高校体育合作学习教学的具体实施路径，如图 6–5 所示。

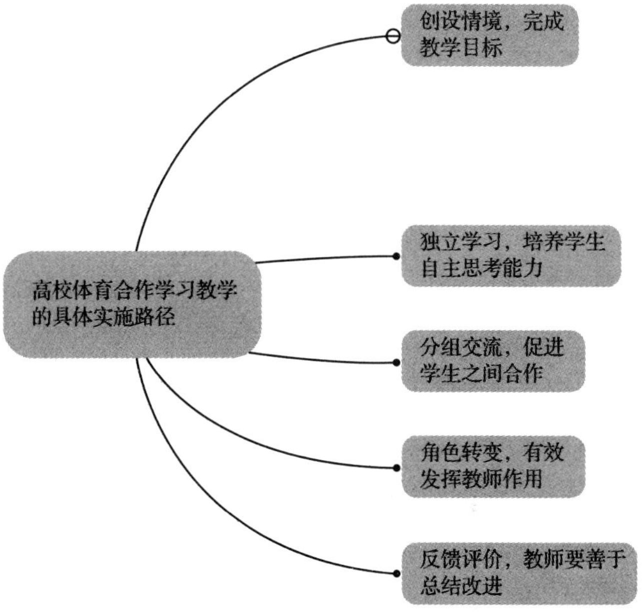

图 6–5　高校体育合作学习教学的具体实施路径

（一）创设情境，完成教学目标

高校体育合作学习教学情境的创设，能够培养学生的合作意识，更科学合理地完成教学目标。情境的创设需要从以下几个方面着手：①精神情境的创设，激发学生学习积极性。在高校体育合作学习教学实施过程中，要注意精神情境的创设。教师要善于运用面部表情、眼神、动作等肢体语言，在教学中与学生充分互动，多给予学生鼓励和肯定。要善于营造轻松愉快的课堂气氛，充分调动学生学习的积极性和自信心，促进教学目标的有效完成。②问题情境的创设，激活学生创造性思维。学生的思维过程往往是从问题开始的。教师通过问题情境的创设，引发学生对问题进行讨论和思考，最后解决问题，激活学生的创造性思维。问题的设置可以促进学生对体育知识和体育技能的掌握，有利于促进学生注意力的集中和思维活动的开展，同时也是师生之间相互交流、加强沟通合作的一种重要手段。③游戏情境的创设，唤起学生参与意识。游戏是一种富于趣味性的活动，高校体育合作学习教学中，游戏的适当运用能够活跃课堂气氛，调动学生的学习动机，使学生自觉参与到体育活动中来。教师在高校体育合作学习教学实施过程中，可以结合学生特点、学校教学条件等，创设有趣的游戏情境，唤起学生的参与意识，使他们充分感受体育运动的乐趣。④体验情境的创设，增强学生学习兴趣。高校体育合作学习教学实施过程中，教师要通过体验情境的创设，使学生通过体育活动，获得成功、失败等感性体验。体育是实践性较强的学科，学生通过体验、互动的情境能够加深对体育知识的理解和体育技能的运用，增强对体育学习的兴趣。

（二）独立学习，培养学生自主思考能力

高校体育合作学习教学的开展是以学生的独立学习为基础的，只有个体具备独立学习的能力，才能促进合作学习教学的有效开展。教师在教学中要留给学生独立思考和学习的自由空间，允许学生根据自己的能力水平、个性特点，自主、能动、自由、有目的地进行独立思考，自主尝试解决问题，突出个性化学习，真正确立学生的主体地位。

（三）分组交流，促进学生之间合作

通过独立学习阶段的自主思考，每个学生都构建了自己对事物的不同理

解，再通过分组交流的方式，促进学生之间的合作，提高学生的团队合作意识和学习能力。通过分组交流的形式，小组成员对问题各抒己见，互相补充、互相启发，加深了每个学生对当前问题的理解；每个组员不仅自己要主动学习，还有责任帮助其他同学，互教互学，共同提高；在小组讨论的基础上进行全班交流，各组代表汇报本组合作讨论的初步成果，通过不同观点的交锋、补充、修正，达到共识、共享、共进，使每个学生体会到合作的力量，并在合作中增强交往能力。为了使合作学习不流于形式，小组人员要合理配置，要有小组活动的组织者，发言交流做到有序有效，教师则要有目的、有计划地进行培养和训练。

（四）角色转变，有效发挥教师作用

在高校体育合作学习教学中，教师的角色发生了转变，由原来的传授者和训导者转变为学生学习的激励者、帮助者和合作者，这是体育合作学习教学取得成功的重要原因。在教学活动过程中，对于学生的积极行为和创造性思维，教师要充当激励者的角色，给予学生充分鼓励和肯定；在学生出现观点错误和思维受到限制时，教师要及时给予必要的纠正和提示，充当帮助者的角色；当学生受到认知水平的限制不能很好地完成教学任务时，教师要一起参与进来，与学生共同研究，一起解决问题，充当合作者的角色。在高校体育合作学习教学过程中，只有教师充分发挥激励者、帮助者和合作者的角色作用，才能促进体育教学的有效开展。

（五）反馈评价，教师要善于总结改进

高校体育合作学习教学中，教师对反馈和评价要善于进行归纳和总结。一方面，有利于学生了解自己的学习成果，明白自己与目标要求的距离，从而激发学生的求知欲。另一方面，反馈评价是对学生在合作学习中的表现作出评价性的总结，评价的对象以小组为单位，评价的内容主要是合作小组的学习态度、学习方法、学习能力、学习效果等，要注意发挥评价的正面导向作用，对协作良好的小组予以表扬，教师对学生的见解给予分析、反馈，促使学生提高学习效率。总结合作成功的经验和不足，分析存在的问题及原因并进行讨论，提出改进建议，使学生更好地合作。

总之，高校体育合作学习教学有利于学生合作能力和创新精神的培养，学生通过教学活动的开展学会与人相处、与人合作，形成良好的团队意识和合作精神，实现全面健康的发展。

第四节　高校体育运动处方教学模式

高校体育运动处方教学是一种针对性很强的教学模式，它结合学校和学生的实际情况开展教学，运动处方教学使不同情况的学生都能够得到身体素质的提升和自身潜力的充分挖掘，使学生在体育学习中通过努力达到最佳效果。

一、体育运动处方教学简述

（一）体育运动处方教学的内涵

运动处方就是根据参加体育锻炼者的身心健康及身体指标选择具有针对性、全面性、实用性的运动种类，参考锻炼者的年龄、性别、工作性质、兴趣爱好等特点以处方的形式来确定运动内容、运动频度、运动时间、运动强度等，相应地制定出在运动过程中所需注意的事项。①

由以上运动处方的概念可以引申出体育运动处方教学的内涵，体育运动处方教学指的是在体育教学中，教师结合学生的身体素质和健康状况因材施教，选择具有针对性的教学内容和教学方法，将有关健康的科学知识的传授与学生自主学习、自我体质监控相结合的一种教学模式。体育运动处方教学能够促进学生主体作用的充分发挥，调动学生参加体育锻炼的积极性和主动性，实现从应试教育向素质拓展教育的发展，从而促进学生身心健康全面发展。

（二）体育运动处方教学的特点

体育运动处方教学具有以下几个特点，如图 6–6 所示。

1. 符合高校体育教学指导思想

《全国普通高等学校体育课程教学指导纲要》对高校体育课程提出了宏观指导要求，指出在体育教学过程中要满足不同层次、不同水平、不同兴趣学生

① 鲍勇，金宗强 . 基于大学生体质健康诊断与评价的运动处方干预实验研究 [J]. 青少年体育，2014（4）：127–130.

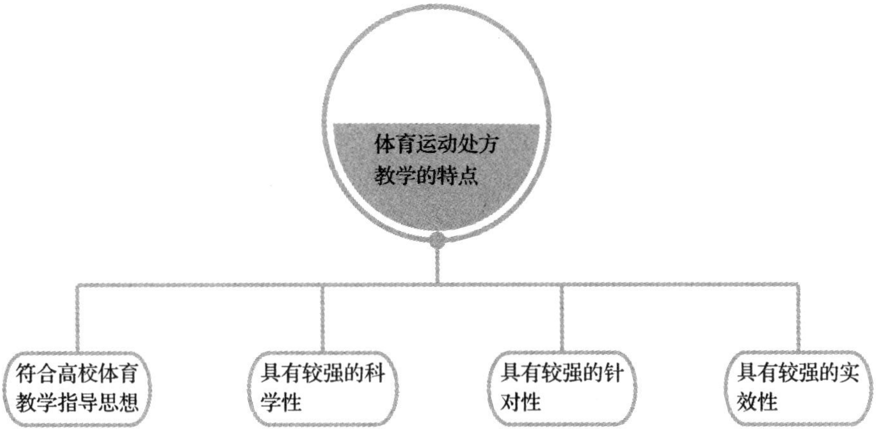

图 6–6　体育运动处方教学的特点

的需要，使学生达到运动参与目标、运动技能目标、身体健康目标、心理健康目标和社会适应目标。体育运动处方教学符合高校体育教学的指导思想和精神，以提高学生的身体素质为目的，提高学生的体育技能和体育能力，使学生掌握正确的锻炼方法，提高自主锻炼意识和能力，以达到促进学生身心发展，养成良好科学健身习惯，培养终身体育意识的目标。

2. 具有较强的科学性

体育运动处方教学过程中，首先对学生进行各项体质的测试，对测试数据进行相关统计和分析处理，其次针对学生自身情况进行有选择的体育练习。同时教师根据学生在练习过程中反馈的情况，提供合理性指导和建议，学生进行改进性练习。整个教学过程充分体现了以人为本的教学理念，具有较强的科学性。

3. 具有较强的针对性

体育运动处方教学建立在对学生体质状况的分析和评价的基础上，学生的体质不同，教师给出的运动处方也不相同。此外，体育运动处方教学还要充分考虑学生在体育兴趣、体育需求等方面的不同，综合分析来制定和实施体育教学，因此，具有较强的针对性。

4. 具有较强的实效性

体育运动处方教学过程中，学生是在教师的指导下，进行自主体育运动学习和自我体质监督。整个教学过程中关于学生的运动处方的反馈和调整都比较及时，学生能够及时有效地调整和完善，从而取得较好的实施效果，因此，体育运动处方教学具有较强的实效性。

（三）体育运动处方教学的优势体现

1. 有助于学生的全面发展

体育运动处方教学在把握学生整体发展的同时，对个体发展给予了充分关注，针对学生的不同情况给出了不同的运动处方，促进学生身体素质发展的同时，注重其个性的发展和潜能的挖掘，使学生养成科学健身的体育习惯，在德智体美方面获得全面健康发展，实施这一教学方法满足了学生运动的需求、发展的需求，促进了学生全面健康发展。

2. 注重学生主体地位

体育运动处方教学注重学生的主体地位，教学目标的制定以学生的实际情况为参考，在教学过程中教师结合每个学生的不同情况因材施教，注重学生主体性的发挥和潜能的激发，充分发挥教师主导作用和学生的主体作用，有利于学生身体素质的提高和体育技能的掌握。

3. 教学方法具有新颖性和可操作性

体育运动处方教学打破了以往体育教学中模式化的教学方法，在教学方法上勇于创新，具有新颖性和可操作性，能够充分激发学生的求知欲，在教学过程中保持对体育学习的热情和专注力。体育运动处方教学不是知识的单向传递和体育技能的灌输，而是从实际出发，打破体育课堂的统一标准和固定模式，结合每个学生的不同情况给出不同的教学方法，营造有利于学生身心健康的良好环境和氛围，同时重视学生全面而长远的发展和良好的体育兴趣、爱好、意识和习惯的形成。

二、高校体育运动处方教学实施中应该注意的问题

高校体育运动处方教学在实施过程中，要充分考虑学校的实际情况和学生的不同体育需求，对整个体育教学要进行整体的设计，教学内容的安排要符合规律。在体育运动处方教学中还应该注意多媒体教学、户外拓展教学等多种教学方法的运用，使学生对运动处方教学的内容产生兴趣，从而使运动处方教学得到更好的教学效果。

（一）尊重学生的不同体育需求，合理设置学生运动负荷

高校体育运动处方教学在实施过程中要充分考虑学生的不同体育需求，对学生的运动负荷进行合理设置。高校体育运动处方教学根据学生的健康诊断和体力测试确定合适的体育运动目标和运动处方。由于每个学生的个体情况不同，在体育需求方面必然也不相同，这就需要教师对学生的情况进行深入分析和总结，在教学目标和运动处方的制定上充分考虑学生的不同需求，制定不同的量化标准和科学的运动处方，从而保证教学活动的顺利开展。

此外，根据学生的实际情况，保证学生运动负荷适宜。在体育运动负荷的指标中，心率指标是一个显著的指标，但是不能一切以心率指标为准，需要结合锻炼密度、强度进行科学的训练，保证训练效果，合理掌握训练运动的技能技巧，保证训练的有效性，促进学生身心健康成长。

（二）对体育教学要进行整体设计

高校体育运动处方教学在实施过程中要注意对教学进行整体设计，从体育课程教学的开展、课外体育活动的安排、体育运动训练的组织和体育运动竞赛的开展等方面进行统一整体设计，将运动处方教学贯彻到高校体育的每一个环节中去，使学生在体育健身和体育实践中能够得到体育运动处方教学有目的、有计划的科学指导，促进体育锻炼和体育运动开展的科学化和安全化，培养学生终身体育锻炼的习惯和意识。

（三）教学内容的安排要遵循一定规律

高校体育运动处方教学在实施过程中教学内容的安排要遵循一定的规律科学开展，需要注意以下几个方面：

1. 遵循学生动作技能的形成规律

高校体育运动处方教学在进行教学内容的安排时，要注意由教师主导向学生主体的转移，突出学生的主体性和主动性，遵循学生动作技能的形成规律。首先，教学内容要注重培养学生对体育运动的兴趣，在此基础上学生能够根据自己的体质，制定适合自己的运动处方，教师可以适时给出科学合理的指导建议；其次，体育内容的安排要有利于学生形成自我健康监控和自主体育锻炼的能力。

2. 遵循学生运动负荷规律

高校体育运动处方教学实施过程中，要按照学生运动负荷的规律来安排

教学内容。教学思想要注意从增强体质向健康教育转移，在实施运动处方过程中避免片面地追求个别学生的运动成绩，而忽略学生的身体和心理的整体发展。培养学生运动参与的热情和对自我健康的关注，养成参加体育锻炼的习惯。

3. 遵循人体机能适应规律

高校体育运动处方教育实施过程中，要按照人体机能适应规律来安排教学内容。要注意由学科中心论向素质教育转移，在实施运动处方教学的过程中应该运用多种教学方法，使学生产生兴趣，从而使运动处方教学达到更好的效果，使学生在运动参与、运动技能、身体发展、心理发展、社会适应等方面全面发展，实现全面素质教育和终身体育教育的目标。

4. 遵循课堂变化规律

高校体育运动处方教学实施过程中，要按照课堂变化规律来安排教学内容。注意将运动处方贯彻到高校体育的体育课堂、课外体育锻炼、运动训练和体育竞赛等各个环节中去。教师要注意和学生进行课上和课下的及时交流与沟通。运动处方知识的传授一般在课堂上进行，运动处方的制定与实施主要在课外活动时间进行，学生在课外体育锻炼时也需要和教师进行及时的交流与沟通。教师可以借助网络进行沟通和交流，使信息及时的反馈和交流，保证运动处方实施的效果。

（四）注意课内外结合，共同培养学生心理素质

在高校体育运动处方教学实施过程中需要注意课内外的结合，共同培养学生心理素质。要在合理利用课内时间的同时，组织开展课外休闲活动。教师在课内时间多进行一些体育运动处方基础知识的讲解，加深学生对体育运动处方教学的理解和认识，在此基础上可以结合学生的身体素质情况制定科学的运动处方，教师提供相应的指导，促进训练效果的提升和课内时间的有效运用。要多组织一些如滑雪、攀岩等课外体育活动，加强有氧运动以及力量方面的锻炼，在此过程中学生也要严格执行体育运动处方教学，有效进行身体锻炼，促进身体素质的提升。此外，要合理运用体育运动处方教学，对学生心理素质进行培养。教师需要根据学生的心理素质、体育运动处方教学方法进行有针对性的训练与指导，保证教学的有效性，确保教学活动的顺利开展，为学生今后的发展创造有利的条件，促进学生身心健康发展，保证体育教学质量。

三、高校体育运动处方教学的实施路径

运动处方教学随着康复体育事业的兴起和发展越来越受到人们的重视。高校体育运动处方教学能够为学生体育运动和健身锻炼提供有效的指导，科学安全地增强身体体质。高校体育运动处方教学的实施路径，如图 6–7 所示。

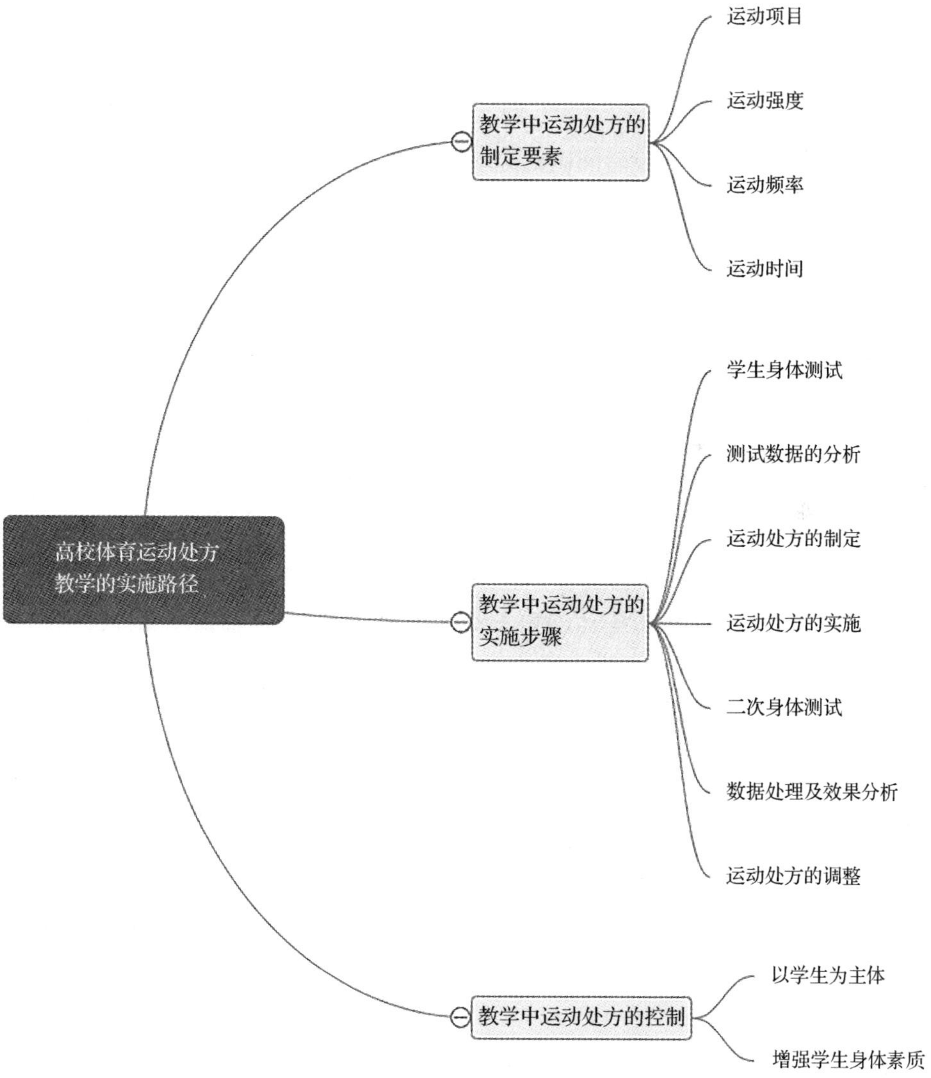

图 6–7　高校体育运动处方教学的实施路径

（一）教学中运动处方的制定要素

运动处方的制定要素主要包括运动项目、运动强度、运动频率、运动时间。

1. 运动项目

高校体育教学运动处方的制定中选择的运动项目要合理。体育处方运动项目的种类很多，包括游泳、球类运动、太极拳等运动项目，教师要结合学生的身体素质和身体机能等方面状况，以及学生的爱好和兴趣，推荐合适的体育运动项目。

2. 运动强度

运动强度指的是单位时间内的运动量，即运动强度等于运动量除以运动时间。运动强度是运动处方进行科学定量的核心问题，是运动处方是否安全和能否取得效果的关键因素。运动强度过小，达不到体育锻炼的目的和体育教学目标；运动强度过大的话，容易引起运动疲劳和运动损伤。运动强度可以用最大吸氧量、心率、代谢当量和自感用力度等来表示，运动处方中一般用最大吸氧量来表示。高校体育运动处方教学中大学生比较符合运动强度的最大吸氧量范围是50%~70%。

3. 运动频率

运动频率是指每周运动的次数，运动间隔的周期过长或者过短都会降低运动处方的效果。运动处方中运动频率要根据运动时间和运动强度综合设定。普遍认为，每周应该进行3~4次的体育锻炼，这样的锻炼效果比较好，最低每周不能少于2次。

4. 运动时间

运动时间是每次运动持续的时间，具体来说就是达到运动强度所持续的时间。运动时间要根据个体身体的基本情况和运动频率来决定，它对运动处方的效果有很大的影响。运动处方中运动时间的安排一定要科学合理，不能过短，否则没有锻炼效果，也不能过长，否则会造成人体疲劳，严重的话会引起疾病。

（二）教学中运动处方的实施步骤

高校体育运动处方教学的实施步骤主要由学生身体测试、测试数据的分析、运动处方的制定、运动处方的实施、二次身体测试、数据处理及效果分析、运动处方的调整组成。

1. 学生身体测试

高校体育运动处方教学首先要对学生进行身体测试，对学生身体的各项指标有个清晰的认识。测试项目包括学生的身体形态、身体机能、健康状况、心理素质等方面。为保证测试效果真实有效，可以采取多进行几次测试，最后取平均值的形式，以便全面了解学生的身体状况和健康水平。

2. 测试数据的分析

教师对测试数据要展开综合分析，要将学生的测试数据与同年龄段的学生相应的指标进行对比分析，通过对比得出相应的结果。在进行比较分析时，针对不同的学生要采用不同的比较数据，力求做到客观和真实。

3. 运动处方的制定

在制定运动处方时，一方面，要依据学生的身体测试结果、体育爱好、体育需求、生理与心理发育规律和体育锻炼原则来制定运动处方。另一方面，在制定运动处方时，要结合学校的实际状况，保证运动处方的可行性，如本校的运动场地与场馆、体育器材、教材的使用和课程的安排。

4. 运动处方的实施

高校运动处方教学实施中需要将学生分成实验班和对照班两组，两组学生的测试数据无显著差异。然后对实验班的学生进行运动处方教学。在实施运动处方时，要注意对实验班的学生进行运动处方理论的辅导，而且要不断、及时地与学生沟通和交流，保证运动处方实施的效果。

5. 二次身体测试

二次身体测试主要是对实施运动处方教学的实验班的学生进行再次测试，测试目的是检验上一阶段中运动处方的实施效果。在进行测试时，要做到测试数据清晰和明了，与第一次的测试数据形成对比。

6. 数据处理及效果分析

数据处理及效果分析就是根据测试结果，把实验组与对照组的学生的相关数据进行对比，分析运动处方的实施效果，得出准确的分析结果。数据处理和效果分析可借助数据分析软件，进行分析和对比，要保证数据处理和效果分析的准确和客观。

7. 运动处方的调整

测试的结果与实际产生差异不理想时，要及时、适当地对运动处方教学进行科学合理的调整。在实施运动处方教学过程中，应时刻注意保持对实验组及对照组的态度一致，确保数据的准确性，结合数据适当调整运动处方的运动量和运动强度，争取达到最好的运动处方实施效果。

（三）教学中运动处方的控制

高校运动处方教学的根本目的是增强学生的身体素质，在教学的实施过程中要注意以学生为主体，对运动处方的有效控制，以增强学生的身心健康为目标，实现理论与实践、课内与课外、运动与健身的结合，充分地调动学生的积极性和对体育运动的热情。

运动处方教学要有针对性、全面性、安全性，要根据学生身体状况进行针对性的制定，制定运动处方前要进行检测，了解学生的身体情况，根据学生的身体状况制定有针对性的运动处方。在实施运动处方教学时，要严格按照运动处方进行练习，严格监控学生的身体变化。运动处方教学对学生进行身体干预性训练时，会对学生的心血管系统和呼吸系统有不同程度的改善。尤其对学生的心肺功能效果明显，主要体现在肺活量指数上，从大学生肺活量测试结果中可以明显看出其对大学生的心肺功能有一定的增强作用。

总之，高校体育运动处方教学的实施要充分考虑学生的身体素质情况，使学生在教师的指导和帮助下，制定适合自身发展的运动处方，有目的、有计划、科学合理地开展体育锻炼，促进身心素质的全面发展。

第七章　优化·高校课外体育活动管理创新发展

第一节　高校课外体育活动概述

高校课外体育活动是体育课堂教学的继续、延伸和补充，是学校在课余时间组织学生进行体育锻炼，巩固课堂所学内容，提高体育技能和丰富课余文化生活的一种教学活动。课外体育活动与体育课堂教学相互促进、紧密结合，共同促进学生身体健康发展和体育教学目标的实现。

一、高校课外体育活动的内涵

高校课外体育活动指的是学校在课前、课间和课后时间组织的，以全体学生为对象的，具有丰富内容和形式多样的体育锻炼活动。高校课外体育活动采取学校统一组织规划与学生自主选择相结合的原则，目的是提高学生的身体健康水平，满足广大学生多种身心发展需要。高校课外体育活动不仅能够提高大学生的身体素质，而且大学生通过参加课外体育活动，能够促进其心理健康发展和社会适应能力的提高，培养大学生健全的人格和团队合作精神，提升其全面素质和能力。

二、高校课外体育活动的主要特征

高校课外体育活动作为高校体育教学的组织形式之一，有其自身的特征。深入了解高校课外体育活动的特征对课外体育活动的开展和管理具有重要意义。高校课外体育活动的主要特征体现在以下几个方面：

（一）形式的多样性和灵活性

高校课外体育活动形式上具有多样性和灵活性。高校课外体育活动的形式多种多样，包括早操、课间操、班级体育锻炼、体育俱乐部活动等多种组织形式。与课内体育相比，高校课外体育活动形式还具有灵活性。高校课外体育活动充分考虑学生在身体素质、运动基础、兴趣爱好等方面存在的差异，采用灵活多变的组织形式来满足学生的不同需求。组织形式可以是高校、年级、班级统一组织的大型活动，也可以是小组、个人组织的小范围活动，还可以是学校体育俱乐部、学生体育社团、共同兴趣小组等正式或非正式组织开展的课外体育活动。

（二）内容的丰富性和开放性

高校课外体育活动内容上具有丰富性和开放性。高校课外体育活动内容丰富多彩，不受教学大纲规定的限制，除了球类运动、田径运动、体操运动等传统的体育运动项目外，还引入了符合时代潮流、迎合学生兴趣的攀岩、野外生存、跆拳道、极限飞盘等新兴体育运动项目。高校课外体育活动的内容还具有开放性，不但包括正规的体育运动竞赛项目，还包括娱乐性体育项目、竞技性体育项目、健身性体育项目等内容，兼容并蓄，远远超出了高校体育教学大纲所规定的体育内容，具有广泛开放的特点。

（三）参与的自愿性和自主性

高校课外体育活动以学生自愿参与和自主选择为主。高校课外体育活动中除了早操、课间操等规定学生必须参加的课外体育活动外，大部分可以由学生自己决定是否参加，采取自愿参与的原则；在选择参加何种课外体育活动时学生具有自主性，可以结合自己的兴趣爱好和体育方面的专长来自主选择。

三、高校课外体育活动的意义

（一）促进大学生身心健康发展

高校课外体育活动内容丰富，形式多种多样，能够满足不同体育基础的学生的不同需求，使学生在轻松愉快的氛围中开展体育锻炼，巩固课堂上学到的体育知识和体育技能。高校课外体育活动能够激发学生对体育运动的兴趣，调动其参与课外体育活动的积极性和主动性，使学生在紧张的学习之余能得到有效的调节和放松，提升学习的效率和质量。通过课外体育活动锻炼，学生体能得到发展，提高了身体的免疫力，体能和身体机能水平也得到明显提高。此外，还能够很好地调节学生情绪，促进身心健康全面发展。

（二）提升大学生社会交往能力和竞争意识

高校课外体育活动通常是以团体活动的形式开展的，团队成员之间在体育活动中，彼此协作，相互尊重，增进了彼此之间的交流和了解，建立了深厚的友谊，这对于即将踏入社会的大学生来说具有极其重要的意义。通过课外体育活动中的技术切磋和情感交流，学生获得了人际关系的预演和锻炼，有效地提升了他们的社会交往能力，为他们进入社会、适应现代化和信息化的快节奏生活奠定良好的基础。此外，学生通过参加高校课外体育活动中一些具有较强对抗性的比赛，能够感受到体育的公平公正和强烈的竞争氛围。在比赛中，每个参赛者都尽自己最大的努力去拼搏、竞争，既有对自己运动能力的挑战和突破，又有与他人之间对胜利的争夺；既有人与人之间的竞争，又有团体和团体之间的竞争。在竞争中既体会到了成功的兴奋和喜悦，也体会到了失败的痛苦和失落，能够培养竞争意识及团队合作精神。

社会交往能力的提升和竞争意识的培养对他们走入社会以后人际关系的适应、激烈社会竞争的参与都具有非常大的帮助，对其未来事业的成功也能起到积极的推动作用。

（三）促进大学生形成良好的个性品质和坚韧不拔的意志力

高校课外体育活动是积极、向上且充满乐趣而又不乏挑战的特殊行为活动，能培养大学生积极向上的人生态度，塑造其开朗乐观的性格。同时，课外体育活动有助于培养学生勇敢顽强、吃苦耐劳、坚持不懈、克服困难的思想作风，培养团结友爱、集体主义和爱国主义精神，以及培养机智灵活、沉着果断、谦虚谨慎的个人品质。此外，课外体育活动还能发展大学生的兴趣、理想，增强他们的自信心，加强他们的组织纪律性，提高他们学习、参与体育的动机。

（四）培养大学生良好的体育习惯和终身体育意识

学生通过参加课外体育活动，使体育课堂上学到的体育知识和体育技能得到了进一步的强化，身体素质得到增强，体验到了体育运动技能提高的快乐，从而提高了坚持课外体育活动和持续体育锻炼的信心。同时，在参加课外体育活动的过程中，学生不断战胜自我，挑战更高难度的体育技能，获得体育运动的乐趣和坚持体育锻炼的动力，日积月累，就会逐渐养成自觉锻炼的良好体育习惯。学生在养成良好的体育习惯之后，体育成为他们生活中重要的一部分，能够使他们更加清晰认识到体育的价值和体育给生活带来的无穷乐趣，更好地适应现代化快节奏生活方式，从而培养终身体育意识。

（五）实现与家庭体育、社区体育的有效连接

高校课外体育活动伴随着现代体育的发展，已经不再仅仅局限于高校的时空范围，逐渐扩大到家庭和社会，与家庭体育、社区体育形成了有效的连接，三者之间相互协调、相互促进。家庭体育是体育教育的起始环节，高校体育是中心环节，而社会体育则是延续环节。家庭体育对体育运动的开展起到启蒙作用，具有强烈的感染性和天然的连续性；社区体育具有很强的开放性，采用业余自愿参与的形式，参与成员具有复杂性和分散性；高校课外体育活动具有很强的规范性，但是受到阶段性的限制。高校课外体育与家庭体育、社区体育的有效连接有利于实现体育教育参与的全员性、体育教育过程的持续性、体育教育资源的共享性，推动三位一体的终身体育机制的发展。

四、高校课外体育活动的组织形式

高校课外体育活动的组织形式主要包括课间活动、个人体育活动、班级体育活动、体育运动俱乐部活动、校园体育活动等，如图 7-1 所示。

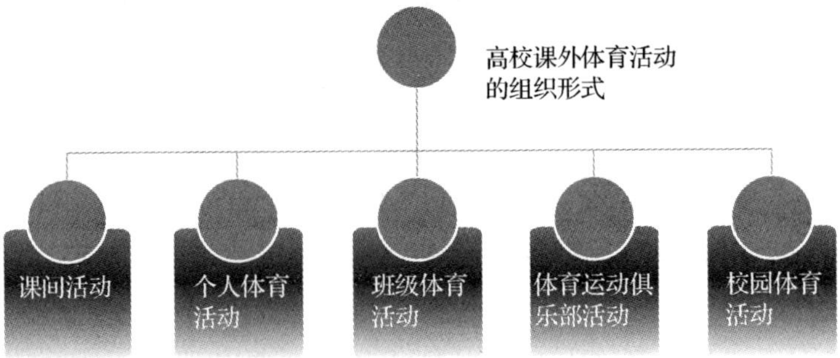

图 7-1　高校课外体育活动的组织形式

（一）课间活动

课间活动在高校体育教学中是必不可少的，对其进行管理要结合学校的实际情况。课间活动能够有效调节学生的学习紧张情绪，使身体各部分得到放松和舒展，缓解身体的局部疲劳，促进学习效率的提高。课间活动可以采用小组的集体形式来进行，也可以个人分散进行，运动项目的选择上以健美操、武术操、跳绳、球类运动、耐力跑等趣味性和娱乐性比较强的项目为主。此外，也可以根据高校所处地域的特点，开展富有特色的乡土体育项目，推动乡土体育项目和地方体育文化的发展。

（二）个人体育活动

个人体育活动是学生在课外按照自己的兴趣和爱好选择体育运动项目，并进行单独锻炼的活动。个人体育活动标志着学生自觉体育意识的觉醒，学生对运动项目的兴趣更能促使其不断坚持下去，从而形成良好体育习惯，进而达到终身体育的目标。对学生的个人体育活动，教师要多给予指导和鼓励，针对学生体育运动中出现的情况开展有针对性的启发和引导，对学生自觉开展体育活动和坚持体育锻炼的行为要加以肯定和鼓励，增强学生进行个人体育活动的信心和恒心，提高体育锻炼的自觉性，慢慢形成终身体育锻炼的习惯和意识。

（三）班级体育活动

班级体育活动一般包括班级体育锻炼活动和班级体育比赛活动。班级体育锻炼活动通常在班级内分成若干小组来进行，在体育锻炼过程中老师可以提出合理的指导意见和进行适当的管理，以促进体育锻炼活动的顺利开展和训练效果的提升。班级体育锻炼活动在选择运动项目时要充分考虑其娱乐性和游戏性，可以将训练活动与体育课堂教学内容、校外体育活动结合起来，激发学生对班级体育锻炼活动的兴趣，带动班级体育锻炼气氛。

班级体育比赛能够很好地检验体育教学的成果，促进课外体育的发展。学生通过参加班级体育比赛还能够提高体育锻炼的积极性，培养集体荣誉感和团队合作精神。教师要鼓励全员参与到班级体育比赛中来，通过班级比赛活动的开展提高学生的体育运动参与意识，锻炼学生的组织能力和协作能力，提高班级集体的凝聚力，达到以赛带练、以赛促练的目的。班级体育比赛能够极大丰富课外体育活动的形式和内容，促进校园锻炼氛围和校园体育文化的形成，是高校课外体育活动中一道独特的风景线。

（四）体育运动俱乐部活动

体育运动俱乐部活动是近年来新兴起的课外体育活动形式，受到了广大学生的普遍欢迎。体育运动俱乐部主要分为单线体育运动俱乐部和综合体育运动俱乐部两种，学生可以根据自己的兴趣爱好和体育特长自愿选择加入。体育运动俱乐部一般是学校根据自己的场地设备、体育优势、师资力量等综合筹办的，内部由专人管理和组织，并且提供专人指导。体育运动俱乐部的经费一般以学生会费和社会赞助为主，为保证其长远发展，学校要积极拓展经费筹措渠道，及时对场地器材设备进行维修更换，确保体育运动俱乐部的顺利运营和活动效果的提升。

（五）校园体育活动

校园体育活动主要是指学校所举办的体育周、体育日等体育节相关体育活动，常见的有体育讲座、体育专题报告、体育表演、体育运动会等多种形式。校园体育活动能够展现校园风貌，提高学生体育素质，营造积极向上的校园体育文化氛围。校园体育活动既可以是全校性的活动，也可以各班级、各系自行组织，学校要针对体育节活动成立临时的管理指挥机构，进行组织和管理。在管理过程中，要充分做好各项准备工作，学校方面要积极支持和配合并处理好相关后续管理工作。

第二节　高校课外体育活动管理的实施

高校课外体育活动具有业余性和自愿性，在组织开展过程中容易流于形式或散漫无章，因此，需要加强对高校课外体育活动的管理，使其进一步规范化、制度化，保障其正常运转，

一、高校课外体育活动管理的要点

（一）精心选择课外体育活动项目

高校课外体育活动项目形式多样，内容广泛，在选择活动项目时，要从多方面综合考虑。首先，高校课外体育活动项目的选择要与高校体育教学内容及

竞赛项目紧密结合。高校课外体育活动是高校课堂教学的拓展和延伸，在活动项目的选择上，要选择与体育教学内容以及体育竞赛项目相关的活动内容，使课外体育活动与体育教学之间相互促进、相互发展，同时又与竞赛项目密切结合，能够提高学生锻炼的积极性和培育体育竞赛精神。其次，高校课外体育运动项目的选择要综合考虑学生兴趣、季节气候等因素。高校课外体育活动项目的选择要充分考虑学生的兴趣和实际需要，能够调动学生参与的积极性和主动性，有效促进其身心发展。还要考虑季节气候等因素，尽量根据季节气候的变化选择一些适合开展的课外体育活动项目，以保证活动的顺利和有效开展。

（二）科学合理安排课外体育活动内容

高校课外体育活动属于高校体育教学的重要组成部分，课外体育活动的过程同样体现了教师输出教学信息和学生接受信息的过程。因此，在高校课外体育活动开展过程中，要科学合理安排课外体育活动内容，使其能够充分发挥和调动教学双方的积极性和能动作用，形成良好的教与学的互动，使课外体育活动在轻松愉快的氛围中开展。教师要把握好信息输出的时机，在课外体育活动中，要结合学生需求与实际工作的开展情况灵活安排课外体育活动内容。例如，在每年学校运动会之前要对运动会比赛项目侧重点进行指导，指导学生进行相关比赛项目的基础理论、技术技能、战略战术等方面的学习，开展有目的的指导训练活动，调动起学生的积极性和信息接受的良性状态。

（三）有效提升课外体育活动质量

可以通过田径、篮球、足球等体育竞赛的形式促进高校课外体育活动质量的有效提升。学生通过参加高校定期举办的规范化、多样化的体育竞赛活动，不仅能够学习到相关项目的体育知识、运动技巧、训练要点，使锻炼和运动效果在比赛中得到充分表现和发挥，还能够了解到相关项目体育竞赛的组织过程、组织方法、比赛规则等内容，从而达到增长体育文化知识，巩固运动和锻炼成果，促进课外体育活动质量有效提高的目的。

（四）发挥课外体育活动评价体系的作用

高校课外体育活动要根据课外体育活动管理目标，建立相应的评价体系，对课外体育活动的整个过程和结果进行检查和考评，从而实现对体育教学活动的调控和管理，保证高校课外体育活动优质高效地开展。首先成立由学校、学生会、体育组等共同组成的考评小组，对学校各班级参加课外体育活动的情况进行评估，对学生的身体技能和运动水平等情况进行评价，在学期末或年度末对各班级课外体育活动开展的总体情况进行综合评价，对个人和团体进行相应的表彰和奖励。

二、高校课外体育活动管理的基本要求

要增加高校课外体育活动对学生的吸引力，使学生主动参与其中并体会到课外体育活动的魅力，获得身心的愉悦与全面发展，需要从以下几个方面做出努力和完善：

（一）完善课外体育活动管理体系

高校各级部门要充分认识到课外体育活动在高校体育教学中的重要性，把课外体育活动纳入学校日常管理计划，采用多种组织形式，对课外体育活动进行合理布局、指导、监督和控制，推动高校课外体育活动管理体系的进一步完善。要加强对课外体育活动的宣传和引导工作，通过校园体育节、专题性的体育活动等课外体育活动的开展，形成正确的导向，营造课外体育活动发展的有利环境。

（二）健全课外体育活动管理制度

高校课外体育活动管理过程中，应该根据学生的实际情况，进一步健全课外体育活动管理制度，严格按照规章制度来进行管理。建立由高校主管校长、体育教研组、学生代表共同组成的领导小组，对课外体育活动的活动计划、指导思想等进行拟定和执行，做到分工明确、各负其责，以提高课外体育活动的效率，促进学校课外体育活动的持续开展。

（三）组织课外体育活动教师培训工作

体育教师在高校课外体育活动开展与管理中具有非常重要的地位和作用，在很大程度上影响着高校课外体育活动的水平。因此，在高校课外体育活动的组织与管理过程中，学校应该重视对体育教师的培训工作，通过定期培训的形式，不断提高体育教师的专业水平和体育素养，进而提高课外体育活动的质

量，保证课外体育活动的开展的实效性。

（四）有效预防课外体育活动中的意外事故

高校课外体育活动中出现意外事故是在所难免的，究其原因也是多方面的。要有效预防课外体育活动中的意外事故，必须加强和重视学生的安全意识教育，采取综合性的有效预防措施，尽量避免课外体育活动中意外事故的发生。具体来讲，需要做好以下几个方面的工作：

1. 做好安全检查工作

学校要确保课外体育活动中所用的器材和设施符合国家相关安全标准，并定期对器材设施进行安全检查；定期对课外体育活动场地进行平整、修葺；有的体育器材需要张贴使用说明及注意事项，尽量避免由器材、设施、场地等原因引起意外事故的发生。

2. 开展学生安全教育工作

开展安全基础知识、安全防范知识和安全保护知识相关的讲座，教会学生自防、自卫、自护、自救的方法，加大对课外体育活动中防范伤害事故发生的教育力度，提高广大师生的安全意识。同时学校可以通过广播、报刊、专题讲座、网络媒体等形式，加大对安全教育的宣传力度，加强学生的安全意识和自我防范能力。

3. 做好体育活动的准备工作

教师在课外体育活动开展前要对学生的健康状况进行全面了解，对体质特殊或有疾病的同学，要根据身体情况给予适当的照顾。针对所要开展的体育项目情况，教师在课前要组织学生做好热身活动，使身体在运动时达到最佳的锻炼状态，避免因身体僵硬导致的意外损伤的发生。

三、高校课外体育活动管理的具体实施

高校课外体育活动管理需要从以下几个步骤来具体实施，如图 7–2 所示。

（一）课外体育活动管理制度和规范的建立

高校课外体育活动管理必须建立明确的制度和规范，在活动开展过程中严格按照制度进行，各级管理人员职责分明，各项工作按照相关规定严格执行。首先，需要建立课外体育活动的管理制度。对课外体育活动中早操、课间操等

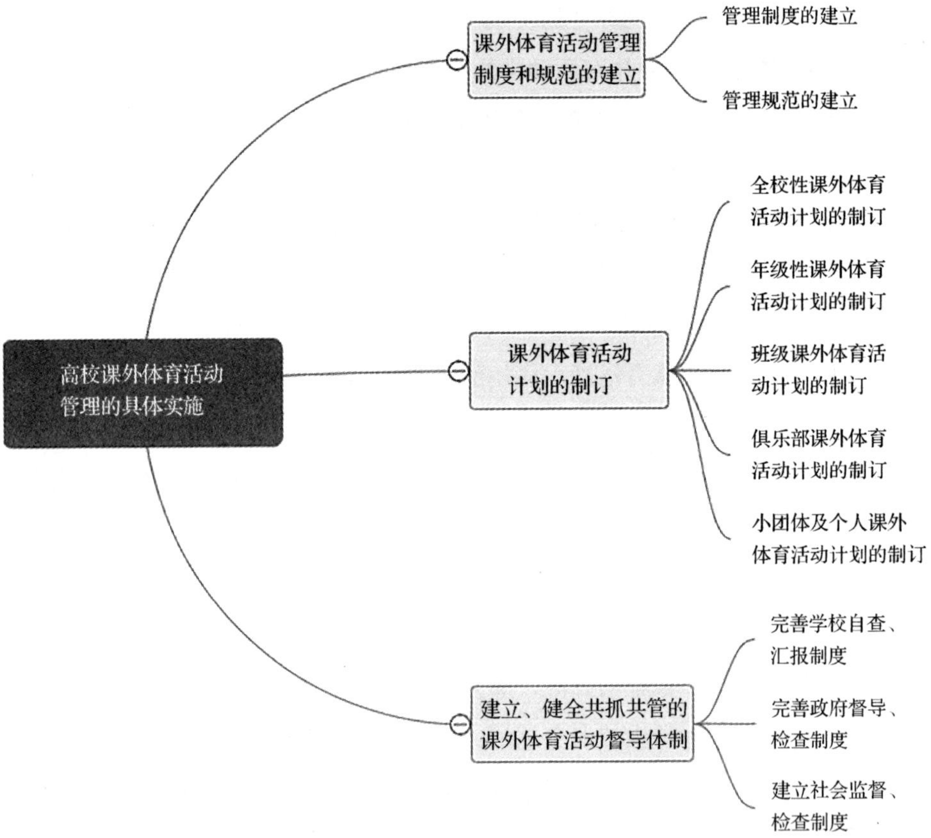

图 7-2　高校课外体育活动管理的具体实施

要求全体参与的活动要保证出勤率，体育教师要组织好相关检查和考评活动；学生在课外体育活动中要遵守相关规定，服从领导，自觉遵守活动纪律；在课外体育活动中还要爱护场地、器材，对损坏体育器材者，要制定相应的惩罚措施；等等。其次，课外体育活动中要建立相关的管理规范，召集相关部门将课外体育活动纳入学校作息时间内规范管理，建立与之配套的工作规范，同时要明确各级人员的管理职责。

（二）课外体育活动计划的制订

1. 全校性课外体育活动计划的制订

全校性课外体育活动计划在制订前，要做好调研总结工作，要广泛听取学校领导、教师、学生等多方面的意见，总结过去课外体育活动中的一些经验和教训，在计划初步成熟后，上报学校相关主管部门批准。全校性课外体育活动计划一般以学年或学期为单位，以高校课外体育活动的指导思想和目标为参考，开展对早操、课间操、班级活动、体育俱乐部活动等课外体育活动的组织及管理。

2. 年级性课外体育活动计划的制订

年级性课外体育活动计划要依据学校课外体育活动计划以及本年级学生身心发展的特点、体育基础、运动水平等综合情况制订。课外体育活动的安排要符合实际情况，能够有效调动年级成员广泛参与。

3. 班级课外体育活动计划的制订

班级课外体育活动计划应在班主任、体育教师的指导下，广泛征求班级全体同学的意见和建议后制定。班级课外体育活动的组织与管理应该综合考虑活动的目标、内容和形式，活动的时间、场地、器材等因素。

4. 俱乐部课外体育活动计划的制订

俱乐部课外体育活动计划应有专人负责，如负责活动指导的教师、学校体育部干部等，由于俱乐部承担着多种任务，俱乐部活动计划相对复杂些，需要管理者做到统筹兼顾。

5. 小团体及个人课外体育活动计划的制订

小团体及个人课外体育活动计划自由度高，因此在制订活动计划时比较困难，尤其是针对一些不稳定的团体组织，更不可能制订详细可靠的计划。因此，活动计划仅提供方向上的参考，在具体体育活动过程中应灵活处理。

（三）建立、健全共抓共管的课外体育活动督导体制

1. 完善学校自查、汇报制度

教育行政部门应要求学校针对课外体育活动，形成定期自查开展情况、总结活动成效的制度，并将自查、总结结果如实上报备案。各级部门要正确对待自查、汇报制度，严格要求，高效自律。

2. 完善政府督导、检查制度

政府应建立由教育行政主管部门督导，不同分工、不同侧重点、不同形式的，定期、不定期地针对学校课外体育活动的专项明察或暗访体制，以及相应的奖惩机制；通过政府部门的定期的教育联席会议，总结各校课外体育活动情况，并汇总结果，参照奖惩条例，严格奖惩，并向各校公布结果。

3. 建立社会监督、检查制度

政府应把学校课外体育活动作为重大教育任务，充分面对社会监督，通过邀请家长协会等社会力量，监督、反映各校开展状况，形成社会调研制度，定期调研。政府应邀请社会专业评估机构，针对学校课外体育活动的开展情况，形成定期专业检查、评估制度，并将评估结果向社会公布，进一步接受社会监督。

总之，高校课外体育活动的管理要做到国家、学校、教师、学生共同努力，有效保障学校课外体育活动的积极开展，有力促进高校课外体育活动成效的提高。

四、高校课外体育活动管理的优化

（一）加强对学生健康意识的培养

大学生体质的增强关键在于学生从思想上认识到体育锻炼的重要性，自觉培养体育锻炼的良好习惯。要培养学生的健康意识，使学生充分认识到体质健康对生活和学习的重要意义，主动积极将健康观念和体育锻炼习惯融入到生活和学习之中，逐渐养成健康的生活方式和良好的体育锻炼习惯。高校要充分利用微信公众号、微博、网站等形式开展健康意识的宣传，还可以组织相关的健康知识竞赛、健康知识讲座等活动，使健康意识和健康理念深入学生内心，植入到他们的思想之中。通过健康知识的宣讲和健康意识的树立，培养学生参与体育运动的积极性和主动性，从根本上关注体质的变化，增强体育锻炼的信心和动力，形成健康的生活方式和终身体育锻炼的习惯。

（二）体育资源的优化利用

体育资源是学生开展课外体育活动的物质基础和基本保障，其优化利用能够开源节流，使体育资源发挥更大的作用，促进课外体育活动的效果提升和体育教学目标的实现。不同学校由于发展水平不同，在体育资源上存在很大差异，学校应该结合自己的实际情况，充分调动一切便利条件，实现课外体育活动体育资源的优化利用。首先，就场地资源来说，学校要做好规划，充分利用现有环境和资源满足学生的运动需求。在保证体育课堂正常教学的前提下，一些体育场馆、运动场所可以适当对学生免费开放，为学生课外体育活动的开展提供合适的环境。还可以与周边的社区、企事业单位共享体育场地，实现资源的优化利用。其次，就运动器材来说，学校可以免费为学生提供课外体育活动所需的体育器材；也可以通过租借服务，建立完善器材的租借制度，定期做好维修保养等工作；还可以通过奖励的形式，鼓励学生多参加学校组织的各种体育项目的比赛，获胜的团体或成员可以获得体育器材作为奖品。

（三）加强对课外体育活动的辅导

部分学校没有针对课外体育活动的辅导，体育活动和体育锻炼大多以个人或小团体的形式来开展，体育动作规范和技术技能方法没有得到有效的指导，技术技能水平进展缓慢。鉴于这种情况，学校应该成立专门的课外体育活动指导小组和辅导团队，为学生课外体育活动提供技术上的指导和科学的体育锻炼方法。学生在辅导和指导下，运动技能得到提升、运动方法更加科学，无形之中会增强他们参加课外体育活动的热情和信心，充分享受体育运动带来的乐趣，促进身体素质和体育素养的有效提升。

（四）课余体育竞赛的优化组织

竞技性是体育活动的本质属性。课余体育竞赛是检验课外体育活动效果的一种重要形式，它在一定程度上能够满足人们的好胜心和荣誉感，有效促进课外体育活动的开展。课余体育竞赛的组织形式多种多样，有全校性的活动，也有班级组织的活动，还有社团组织的活动等，一般涉及的体育项目有田径、球类、健美操、武术等。通常全校性的课余体育竞赛规模比较大，有专门的组织机构进行组织管理，场地、器材方面都有保障，学生的参与热情都比较高；班级性的课余体育竞赛活动一般由班级干部组织开展，活动的开展广泛征求班级成员的意见；社团性的课余体育竞赛活动一般以学生自发组织的居多，在组织上缺乏专门的机构和负责人员，随意性比较大，一般以学生自愿参加为主。高校要对各类课余体育竞赛活动进行统筹安排和规范化管理，积极协调竞赛场地，组织好竞赛评比工作，保证其安全和有序开展。通过课余体育竞赛的优化组织，有效提高学生的参与热情，培养学生的锻炼意识和体育运动习惯。

第三节　基于互联网的高校课外体育活动管理的优化创新

随着现代科学技术的发展，互联网逐渐渗透到我们生活学习的方方面面，高校课外体育活动管理也受到大数据、云处理等信息技术手段的影响，不断优化发展，以创新的思维与手段去解决高校体育管理中出现的各种问题，促进课外体育活动效果的提升。

一、互联网背景下高校课外体育活动管理优化创新的必要性

（一）实现了学生利益的最大化

互联网技术在高校课外体育活动管理中的应用，能够促进其优化创新，实现利用信息化系统平台进行管理，辅助学生进行课外体育活动的开展和体育锻炼，为学生带来利益的最大化。

1. 督促学生进行课外体育活动锻炼

高校课外体育活动与体育课堂教学有着很大的不同，课外体育活动不像体育课堂教学那样具有硬性的规定，组织性和计划性方面也有所欠缺，课外体育活动把更大的自主权交给了学生，这样做对于自觉性比较高的学生的效果会比较好；而对于自觉性比较差的学生，由于缺乏必要的监督，受种种客观因素的影响，容易形成惰性，影响课外体育活动的效果。而借助互联网的智能化管理手段，可以实现对学生课外体育活动管理的有效监督，促使学生克服惰性，积极进行课外体育活动的锻炼。

2. 促进学生社会交往能力的提升

在学校范围内学生的社交范围和社交对象都受到一定的限制。在高校课外体育活动管理优化创新下，学生能够在课外体育活动中通过互联网这一平台结交到不同学校、不同专业、不同年龄、不同性别的体育爱好者，在课外体育活动的网络交流中互相切磋，促进体育运动水平和技术技能的提高。此外，学生通过互联网这一平台将自己的健身知识、锻炼得到的分享到网络上，增强了课外体育活动的趣味性，突破了体育活动学校教育的局限性，在一定程度上扩大

了学校体育的影响力。

3. 有利于学生终身体育习惯的养成

运用互联网平台对课外体育活动实施智能化管理，能够督促学生养成良好的健身习惯。此外，学生通过网络资源，丰富自己的体育知识，提高自己的体育技能，获得学习和锻炼的积极性。通过网络平台与志同道合的体育爱好者相互鼓励，能够形成融洽的人际关系，营造出良好的锻炼氛围，为终身体育习惯的养成提供了良好的契机。

（二）优化了课外体育活动资源的利用

在以往高校课外体育活动管理模式下，在对场地、设施的安排等方面存在一定不足，容易造成资源的浪费。而互联网的大数据和云计算等现代科技为高校课外体育活动管理提供了有效手段，通过移动设备、服务器终端与课外体育活动后台管理软件的无缝对接，实现了课外体育活动资源的合理配置和优化利用。学生可以利用手机、电脑等通过课外体育活动智能化管理平台查看活动场地、体育设施等体育活动资源的使用情况，从而对自己的课外体育活动锻炼时间进行合理的安排，实现对碎片化时间的管理，实现对课外体育活动资源的充分利用，从而保证锻炼的时间和效果。

（三）节省了课外体育活动的人力资源

互联网的出现，给各行各业带来了翻天覆地的变化。高校课外体育活动管理在互联网的影响下管理模式也实现了变革创新，简化了工作程序，节省了人力资源，进一步提高了工作效率和管理成效。在以往高校课外体育活动管理模式下，体育教师日常工作量巨大，特别是一些数据统计、测评考核等工作都需要教师手动操作。互联网新技术的运用，把体育教师从繁重的工作中解放了出来，通过高科技智能手段可以成功实现对学生的智能化管理，自动进行数据统计、考评考核管理等，大大减轻了体育教师的工作负担。教师通过课外体育活动智能平台还能够监督学生进行锻炼、形成自动化评价等，大大节省了课外体育活动的人力资源，提高了工作效率。

二、互联网技术在高校课外体育活动管理中的主要应用

（一）课外体育活动管理的信息资源共享

运用互联网技术可以对高校课外体育活动管理中的信息资源实现共享。学校可以通过互联网技术将课外体育活动中的一些健身知识和科学训练方法、体育赛事和体育业界发展动态等方面信息资源发布出来，实现共享。学生可以利用这些课外体育活动的信息资源为自身的课外体育训练提供指导，还可以在网络上开展课外体育活动信息的交流。并且，这种课外体育活动资源共享不仅局限于学校内部之间和高校与高校之间，还可以在学校与社会之间实现课外体育活动信息资源的共享。

（二）课外体育活动管理的资源配置

高校课外体育活动管理中资源的合理配置能够使体育教学资源得到科学合理的安排利用，达到最优化。互联网技术的应用，为高校课外体育活动管理数据化、智能化的发展提供了基础。学校可以利用互联网技术对现有的课外体育活动资源进行统计和分析，按照学生参加课外体育活动的实际情况来进行合理调配，实现对课外体育活动资源管理的自我优化。此外，还可以与其他高校、相关体育部门在资源配置方面互通有无，节约资源配置的资金和成本，实现高校课外体育活动管理资源配置的最优化。

（三）课外体育活动管理的数据处理

在高校课外体育活动开展过程中，还可以利用互联网技术对课外体育活动管理的相关数据进行处理。高校课外体育活动管理中会产生很多数据，这些数据的处理结果会对课外体育活动教学效果产生直接影响。互联网技术能够利用先进的数据统计和分析手段，对这些数据实现快速、高效处理，从而统计学生课外体育活动开展的实际情况、课外体育活动中资源利用情况等，为高校课外体育活动管理工作的开展提供有效参考。此外，通过互联网技术对高校课外体育活动各项数据统计结果的分析，还可以预测高校课外体育活动的发展趋势，从而为高校课外体育管理工作发展提供进一步的参考。

三、互联网影响下高校课外体育活动管理的发展特点

互联网背景下，信息的接受和交流都更加便捷，人和人之间交流更加方便，突破了单向交流的局限性，特别是课外体育活动管理平台的出现，使高校课外体育活动管理呈现出新的发展特点。

（一）主体之间互动的增强

通过课外体育活动管理平台，实现了教师与学生、学生与课外体育活动管理平台、教师与课外体育活动管理平台、学生与学生之间的多渠道交流。

1. 教师与学生之间的互动

互联网背景下，教师与学生之间的互动更加方便和频繁。通过课外体育活动管理平台，教师可以通过多种渠道与学生开展交流，及时解决学生体育学习和体育技术技能锻炼中遇到的问题，帮助学生端正体育学习和体育锻炼态度，指导学生制订适合自己的锻炼计划和锻炼方法，养成良好的体育锻炼习惯并树立终身体育意识。

2. 学生与课外体育活动管理平台之间的互动

学生可以通过课外体育活动管理平台，将体育学习和体育训练中遇到的问题直接反馈出来，教师和学生也可以通过平台即时互动，在线进行问题讨论和经验交流。

3. 教师与课外体育活动管理平台之间的互动

互联网背景下，教师可以依托课外体育活动管理平台实现对教学工作的管理，及时解决平台上学生的留言和反馈的问题，与学生在线交流互动，提高反馈和解决问题的效率。

4. 学生与学生之间的互动

通过课外体育活动管理平台，学生与学生之间可以加强彼此之间的互动和交流。针对体育锻炼和体育技术技能训练中遇到的问题，可以通过课外体育活动管理平台开展线上讨论，交流彼此的心得体会。

（二）更加智能化的服务

互联网背景下，高校课外体育活动管理平台充分利用大数据、物联网、人工智能技术实现了更加智能化的服务。首先，学生可以通过课外体育活动管理

平台进行体育知识的学习、体育技术技能训练的交流、场馆查询预订等。其次，课外体育活动管理平台能够对学生课外体育活动情况进行监督，并对运动数据进行统计和分析，实现精准化的运动信息推送。再次，课外体育活动管理平台能够向教师及时反馈学生课外活动开展的相关信息，教师根据相关数据和统计结果分析和评估学生的运动情况，有针对性地调整课堂教学计划和运动锻炼方案。最后，课外体育活动管理平台还提供发布运动信息通知、宣传赛事活动、制定运动处方等服务。这些服务能够使高校课外体育管理更具有灵活性和互动性，智能建立沟通交流渠道。

（三）突破时空局限性

在课外体育活动管理传统模式下，学生体育知识学习和体育技术技能训练有很大局限性，学生的学习时间和空间受到很大限制。互联网背景下高校课外体育活动管理实现了时间和场地的优化配置和利用。学生能够根据课外体育活动管理平台的信息自由选择锻炼时间，体育锻炼不用必须在固定的时间进行，能够充分利用碎片时间。此外，学生可以根据平台上显示的场地信息情况选择合适的场地进行练习，有效缓解了场地和学生需求之间的矛盾，学生的锻炼也不再受到空间上的限制。学生体育知识学习和体育锻炼时空局限性的突破，大大拓展了学生的学习和锻炼机会，提高了学生的学习热情和积极性，有效拓展了学生的学习机会和锻炼时间，从而全面促进学生的身心健康发展。

四、高校课外体育活动管理优化创新的具体策略

互联网为高校课外体育管理带来的不仅仅是先进的科学技术手段，更重要的是先进的互联网理念和互联网思维，从而实现对高校课外体育活动管理的全面优化创新。

（一）构建三位一体的课外体育活动管理模式

互联网技术与高校课外体育活动管理的深度融合，从宏观上构建了以高校课外体育活动管理为引导，学校、学生、互联网技术协同合作的三位一体的管理架构，实现促进学生身心发展和推进高校课外体育活动建设成效性的目标。在这个三位一体的管理架构中，学生作为课外体育活动的参与者，发挥着主体性的地位，以实行自我管理为主；学校作为课外体育活动的引导者，发挥着科

学统筹、合理引导的作用，为课外体育活动管理提供重要的保障；互联网技术作为课外体育活动开展的辅助手段，利用大数据、云计算、人工智能等现代先进技术为课外体育活动提供必要的监督，运用互联网思维，实现对课外体育活动管理的智能化监管。

（二）建立全局化服务功能的智能体系

互联网中的大数据、云计算、人工智能等现代先进技术应用于高校课外体育活动管理系统，可以构建线上线下相结合的课外体育活动智能体系，实现全局化服务。通过课外活动管理服务职能体系的建立，学生能够利用移动设备随时随地学习，不清楚的地方可以通过在线与教师、学生或体育爱好者交流等方式即时解决。互联网技术的大数据还可以通过对学生的运动情况进行记录，来对学生的课外体育活动情况进行监督，学生在体育馆、俱乐部、宿舍等地方进行的课外体育活动，以及在校园外参加的体育竞赛、体育活动都可以通过高效的课外体育活动智能服务体系进行数据记录，并对数据进行汇集和分析处理。还能根据数据分析结果，归纳学生的体育基础水平、兴趣爱好和运动训练时间等方面情况，向学生有针对性地提供体育运动项目的个性化推荐、体育技术技能学习的策略、运动处方等相关内容，使高校课外体育活动管理的服务进一步完善和提高。

（三）构建全域化服务范围的虚拟平台

互联网背景下，高校课外体育活动管理充分利用现代信息技术手段实现对资源的合理配置和优化共享，通过虚拟化平台的网络监控，实现了对课外体育活动的全域化监管，同时提供了开放式的活动环境，拓展了课外体育活动资源利用的深度和广度。学校可以通过虚拟平台实现对课外体育活动的全域统筹，有效拓展学生的课外体育活动实践范围，从学生的实际需要出发，在体育学习和体育锻炼上为学生提供全域化的服务，使学生能够结合自己时间和自身实际需要，合理规划课外体育活动时间，最大限度满足其个性化发展需求。课外体育活动形式通过虚拟平台也实现了全域化，活动的规模和参与形式更加灵活丰富，趣味性也得到了很大增强。学生可以采取线上线下相结合的形式来参加课外体育活动，活动的内容除了通过课堂传授还可以从虚拟平台学习。活动的组织也不再局限于校园内，为学生提供了多样化的参与方式，增强了活动的趣味性和科技感，提高了学生对活动参与的积极性和主动性，为学生良好体育习惯和终身体育意识的培养打下了坚实的基础。

（四）优化设置课外体育活动管理机构

高校课外体育活动管理机构要尽量做到精简化，改进管理机构各部门之间沟通方式，有效提高沟通效率。高校应该加强对课外体育活动的重视，各部门之间各司其职，团结合作，共同致力于课外体育活动管理工作的建设和开展。

（1）做好课外体育活动管理机构决策工作。课外体育活动管理机构的决策要以全面贯彻高校体育目标为出发点，对课外体育活动的计划制订、方案执行、制度保障、评价反馈等各方面工作做好规划管理。要充分做好互联网先进技术在课外体育活动管理体系中的实施与应用工作，确保做好资金保障、计划实施、统筹安排、应用管理等一系列工作，使互联网先进技术在课外体育活动中能充分发挥好服务和监督作用，实现体育资源的优化利用和信息资源的充分共享，有效促进课外体育活动管理工作的信息化和智能化发展。

（2）课外体育活动管理制度的优化。高校要结合本校实际情况对课外体育活动管理的相关制度进行规范和优化，尤其是对互联网先进技术应用下课外体育活动虚拟平台的管理，要借鉴先进经验，制定相关的管理制度，保证管理的科学性和规范性。首先，完善课外体育活动经费保障制度。高校要与科研技术单位开展广泛合作，将科学技术充分应用于课外体育活动，走产学研一体化的发展道路。在“互联网 +”背景下，大量科技公司也在谋求自己的生存之道，在广阔的市场中拓展一席之地，学校运用科技产品，支持公司运作发展，公司提供服务，树立自己的品牌，实现“双赢”。高校体育场馆设施在满足学校师生的锻炼需求的同时，学校也应密切联系外部，谋求场馆运营更大效益，学校通过场馆共享，与相关企业互惠互利，为学校体育发展谋求更好的经费保障。其次，健全有效管理监督机制。高校课外体育活动管理要充分利用互联网先进技术，实现对课外体育活动管理的有效监管。互联网技术的大数据、云计算等技术能够对学生课外体育活动的准备阶段、开展阶段以及结束阶段的情况实现全面动态监督，节省了大量的人力、物力支出，提高了教师的工作效率，督促学生养成良好的课外体育活动习惯和终身体育意识。最后，健全课外体育活动管理的反馈评价机制。互联网在课外体育活动管理中的运用，使教师能够及时获取学生课外体育活动的开展情况，获得不同层次、不同主体的反馈，还能通过在线管理平台及时得到对课外体育活动管理工作的反馈，实现在线调控和管理，大大提升了管理服务的时效性。

（3）推进课外体育活动项目的多元化发展。高校课外体育活动管理要广泛利用线上丰富的课程资源，拓宽学生体育知识学习和体育技术技能训练的渠道，实现线上线下形式的有效结合，不断丰富课外体育活动项目，促进其多元化发展，提高对学生的吸引力和学生的广泛参与，加强对体育课堂知识学习的巩固，丰富课外体育文化活动，促进学生的全面发展和社会适应能力的提升。学校可以采用线上线下相结合的方式，组织一些体育赛事活动，增加活动的趣味性和体育热点元素，可以增设一些娱乐性、观赏性和竞技性比较强的新兴体育项目，如轮滑、街舞、定向运动、拓展运动等，来增强课外体育活动的吸引力，提高学校体育文化的影响力，促进社会体育的发展。

第八章 擢升·高校体育教学评价创新发展

第一节 高校体育教学评价概述

体育教学评价作为体育教学中的一个重要环节，对高校体育教学起着非常大的促进作用。体育教学由教师和学生共同参与，要实现两者之间的良好互动，达到预期的教学效果和教学目标，就必须针对教学过程和教学效果进行客观合理的评价。随着高校体育教育改革的不断深化，高校体育教学评价也要不断进行创新发展。

一、高校体育教学评价阐析

（一）高校体育教学评价的内涵

高校体育教学评价是根据高校体育教学的目标和高校体育教学的基本原则，对体育教学“教”与“学”的具体过程以及教学效果，依据一定的方法和手段，进行综合评定，最终做出价值判断的过程。高校体育教学评价是高校体育教学系统的重要组成部分，在体育教学活动中具有重要的地位和作用。

从以上阐述可以看出，高校体育教学评价涉及教师的“教”和学生的“学”两个方面，是主观性与客观性相统一，动态评价与静态评价相结合的综合评价。高校体育教学评价不仅重视对体育教学过程的评价，也重视对体育教学结果的评价，它的出发点和最终归宿是高校体育教学目标，通过对体育教学活动过程及结果的测定，最终给出价值判断。

（二）高校体育教学评价的目的与意义

1. 高校体育教学评价的目的

（1）了解学生的体育基础。高校体育教学评价能够对学生的体育知识、体育技术和体育技能等体育基础情况进行初步了解，在评价时要注意不能使用单一的绝对标准来进行评价，应该结合学生对体育学习的态度、个人的努力程度等综合评价。

（2）对学生的不足进行分析。通过对学生体育基础、学习态度、情感表现、人际交往等方面的综合评价，对学生的不足进行认真分析并找出原因，反馈到教学实践中并加以改进。

（3）培养学生教育能力。通过教师对学生的评价、学生与学生之间的评价、学生的自我评价，学生对自己的体育学习情况会有一个清晰而正确的认识，意识到自己与其他同学的差距以及存在的不足，培养学生自我教育和相互教育的能力，以扬长避短，促进相互之间的发展和进步。

（4）激励学生努力上进。体育教学评价能够对学生的体育学习进步进行反馈，使学生在充分展示自己体育学习特长的同时体验成功的喜悦和乐趣，增强其学习的积极性和自信心，为学生的学习进步和努力提供正反馈，激励其努力上进。

2. 高校体育教学评价的意义

（1）有利于端正教学思想和提高教学质量。高校体育教学是以高校体育教学目标为根本依据，对整个体育教学过程和教学结果进行全面检查，并给予价值上的研判，从而最大限度地促进教学目标的实现。高校体育教学评价的根本目的是对学生的发展情况进行测评而不是将学生的体育成绩分出等级，根据学生的情况分析采取相应的体育教学方法和手段，因此，高校体育教学评价有利于端正教学思想，因材施教，促进教学目标的实现和教学质量的提升。

（2）有利于调动教和学的积极性和教学改革的发展。高校体育教学评价注重师生之间的互动和自我评价，从而使教学双方充分了解体育教学和学习的情况，及时发现教学中的问题，从教学内容、教学方法、教师素质能力等方面进行改革创新，从而有效调动教和学双方的积极性，促进体育教学改革的发展和教学效果的提升。

（3）有利于加快教学过程的优化和教学目标的实现。高校体育教学评价通过对体育教学情况定期开展检查和评价，对教学过程中不符合规律和不利于教学目标实现的因素进行及时纠正。同时，将对预期目标达到程度的测评作为改进教学的参考，合理调整教学过程，促进其科学合理的优化发展，从而促进教学目标的更快更好实现。

二、高校体育教学评价的基本特点

高校体育教育评价在体育教学中发挥着重要作用，这与其自身的独特特点不无关系。总结起来，高校体育教学评价的特点主要体现在以下几个方面：

（一）社会性与发展性的评价标准

高校体育教学评价标准具有社会性和发展性。高校体育教学评价标准是建立在一定的社会标准之上的，这些标准以社会需求为基本建立标准，必然要受到社会经济、政治和意识形态的制约，并反过来为此服务。教育作为一种社会现象，其过程和结果的价值大小、优劣必然也受到社会的检验与评判。此外，高校体育教学目标作为一切体育教学活动的出发点和落脚点，集中体现了体育教学主体的价值观念，也是进行体育教学活动评价的重要依据。而伴随着社会经济的发展以及思想观念的变化，体育教学目标也会有所发展。因此，在对体育教学活动进行评价时，要针对发展了的体育教学目标进行评价。

（二）全面化与多元化的评价主体

高校体育教学评价具有主体全面化和多元化的特点。高校体育教学评价不仅包括对学生体育学习成绩的评定，还可以在此基础上对体育教育计划、课程编制情况等进行评判，甚至可以将评价延伸到整个教育领域，从宏观到微观对各方面展开全面化的评价。此外，高校体育教学评价的主体除了教师和学生，还包括教育领导者、学生家长等，都拥有评价权，可以成为高校体育教学评价的主体。

（三）系统性与有序性的评价过程

高校体育教学评价过程具有系统性和有序性。高校体育教学评价过程是由许多相互关联的环节构成的，这些反馈环节的控制系统又是由许多要素或子系统构成的。各个要素如目标、对象、评价者及手段之间相互制约，产生多种教育活动状态及其最终绩效。高校体育教学评价作为一个复杂的系统，在进行评价时，要对从评价过程的起始、发展到最后结果的各个环节中的各个要素进行动态的整体评价，使评价结果与评价对象的实际状态、水平或特征相符，具有实际的价值和意义。从以上环节来看，高校体育教学评价过程呈现出系统性。此外，在体育教学领域，高校体育教学评价是一个有序的过程，教学评价活动主要分为制订计划、计划实施、检查、评价总结四个阶段。在制定计划阶段，相关工作人员应该根据实际情况制订出科学有效的评价计划，这些计划方案能够在一定程度上体现体育教学评价的基本决策，是后续工作有效开展的重要保证。在计划实施阶段，相关工作人员需要做好教学评价的组织工作，明确各部分的工作职责，严格按照制定的评价方案开展体育教学评价工作。在检查阶段，相关工作人员的主要工作就是及时了解体育教学评价方案的进行情况，及时纠正那些出错环节。在评价总结阶段，就需要相关工作人员能够采用正确的分析方法，得出正确的体育教学评价结论，并在这个基础上做好体育教学评价制度的完善工作，只有这样，高校体育教学评价活动才能真正发挥自身的价值。

三、高校体育教学评价的主要原则

高校体育教学评价原则是依据教学目标和教学过程的客观情况制定的，体现了教学评价的基本规律和规范准则，是高校体育教学评价的依据，也是教学评价得以实现的根本保证。在高校体育教学评价中要坚持以下主要原则，如图 8–1 所示。

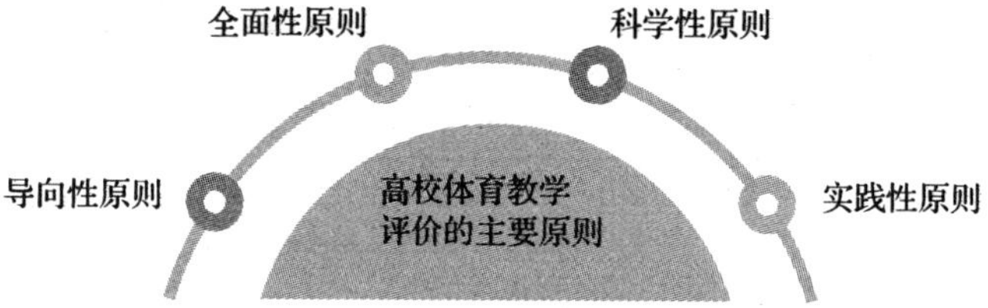

图 8–1　高校体育教学评价的主要原则

（一）导向性原则

高校体育教学评价要坚持导向性原则，教学评价的标准、评价过程的侧重点和评价结果的评定要满足社会发展需要，体现教育教学方针，具有良好的导向性，能够引导高校体育教学良性发展和保证教学评价正确的价值取向。只有高校体育教学评价坚持好导向性原则，才能促进学生身心健康全面发展，确保终身教育和素质教育的价值取向，促进高校体育教学效果的提升和引导教师和学生工作学习的顺利开展。

（二）全面性原则

高校体育教育活动是一个完整而复杂的系统，教学任务具有多样化的特点，因此高校体育教学评价必须坚持全面性原则。在对高校体育教学活动进行评价时，要全面搜集评价对象的相关信息并进行客观分析，不能只考虑评价对象的某一方面而忽视其他方面，对评价指标中的项目要平等对待，不能有主次之分，要做出客观、恰如其分的评价。此外，在对教学活动进行评价时，要从多角度展开全方位的评价，保证评价的客观性和全面性，切实促进体育教学质量的提高。

（三）科学性原则

科学性原则是高校体育教学评价真实性和客观性的有效保证。在高校体育教学评价过程中，要坚持科学的态度，以客观规律为依据，科学地选择评价方法、标准以及程序，同时要避免经验式和直觉式的教学评价，在评价过程中，避免受评价者个人爱好、价值观念等主观因素的影响，保证评价结果的准确、可靠。

（四）实践性原则

高校体育是一门具有很强实践性的学科，而且体育的能力、水平和素质最终要体现在实践活动中。这种实践活动包含体育身体素质、体育技术水平、体育兴趣和爱好四个层面。因此，在进行体育教学评价时，应该在实践活动中进行，并对实践活动的四个层面都给予充分关注。

四、高校体育教学评价的创新发展方向

（一）不断创新的体育教学评价理念

高校体育教学的评价机制越来越科学合理，这一切离不开不断创新的体育教学评价理念的指导。高校体育教学目标作为高校体育教学评价的出发点和最

终归宿，对高校体育教学评价具有重大的影响。素质教育是高校体育教学的主要目标，因此高校体育教学评价需要深入研究素质教育的内涵，抓住素质教育的全面性、基础性、个体性、主体性等特点，确立学校体育在素质教育中的地位、作用，明确学校体育的具体培养目标，使评价目标与教学目标相一致，并以此为依据来设计体育教育评价的指标体系，力求评价指标科学化、评价办法可操作化，进而发挥评价体系的正确导向作用。要从根本上建立全新的体育教学评价指导思想，从单一的评价视角转向多角度、多方法的综合质量评价。既要评价教学效果、教学过程、体育知识和技能的学习成果，还要关注学生的身体发展和体育能力的培养。

（二）逐渐拓展的体育教学评价内容

《全国普通高等学校体育课程教学指导纲要》把新的体育课程标准设置为运动参与、运动技能、身体健康、心理健康、社会适应五个学习领域。这充分反映了体育功能和学生体育学习目标的不断延伸。在此影响下，高校体育教学评价的内容也逐步呈现出拓展化的趋势，教学评价的内容不再是仅对体育知识和体育技术技能进行考评，还延伸到了认知、情感、社会适应能力等多个方面，尤其对情感态度的评价越来受到普遍重视。

（三）注重诊断性评价、形成性评价与总结性评价相结合

在以往的高校体育教学评价活动中，比较注重总结性评价。它是一种有效的评价方法，但在单独使用时，局限性比较大。因此，高校体育教学评价逐渐改变单纯采用总结性评价的方式，采取诊断性、形成性和总结性评价三者相结合的评价方法：诊断性评价是为了夯实学生学习的基础和查明制约学生学习进步的原因，而进行检测和评判；形成性评价是在体育教学工作中及时发现和诊断问题，及时获取反馈信息，改进体育教学工作；总结性评价是指对某一阶段的教学工作进行综合全面的评价，以确定教学的最终水平，对上一阶段所进行的总结性评价又可作为下一阶段进行诊断性评价的依据。诊断性评价、形成性评价和总结性评价三者的结合保证了体育教学评价的客观性、准确性和有效性，能够产生积极作用，促进高校体育教学的全方位发展。

第二节　高校体育教学评价体系的构建

高校体育教学评价是体育教学体系的一项重要内容，科学的体育教学评价体系的构建能够客观全面地对体育教学进行反馈，有助于教师充分了解体育教学过程与体育教学效果的客观情况，并结合教学问题反馈、分析、解决，促进教学过程的完善和发展。

一、高校体育教学评价体系构建的理论基础

（一）人本主义教育理论

人本主义教育理论秉承马斯洛的人的自我实现理论，把教育的宗旨定位在：教育要真正关照人的终极成长，促进人的自我实现，培养完整人格，而非受教者成绩提高之类的短期目标。因此，人本主义始终关注的是人的整体发展，尤其是人的内心生活的丰富和发展，即人的情感、精神和价值观念的发展。[①] 人本主义教育理论强调以人为本的教育理念，主张从心理学的视角出发，尊重和重视个体的心理发展，从而激发积极性和主动性，促使其主动参与到社会活动中去实现自身的价值。高校体育教学评价以人本主义教学理论为基础，通过对体育教学过程和教学效果的评价，坚持以人为本，注重对学生认知、情感等多方面的评价，激发学生体育学习的积极性和主动性，促使其自我价值的实现。

（二）行为目标评价理论

行为目标评价理论在西方现代教育评价史上产生了重大影响。行为目标评价理论是基于结果参与模式的学生评价理论，直接将教育方案、计划和目标传递到学生层面，通过学生的成绩表示出来，并进一步地将这种行为目标作为教育评价的主要依据。其具体实施过程是，首先由教师制定出具体的教学目标，将其与教学结果进行比对，并在这一过程中对教师的教学行为进行调整，使两者最大限度地保持一致。从这个角度来讲，行为目标评价理论的评价目的是十

① 何志武．人本主义教育理论的主要观点及其应用 [J]. 重庆科技学院学报（社会科学版），2010（11）：181-182+187.

分明显的，即通过对实际教育活动结果的确定，达到预定的教育目标。

（三）教育目标分类理论

20世纪，许多心理学家和教育学家都对教育领域的目标分类问题进行了深入研究，提出了自己的主张和观点以及分类体系，形成了关于教学目标的若干理论。1956年美国著名的教育心理学家布卢姆立足于教育目标的完整性，制定了教育目标分类系统。他提出把教育目标分为认知、情感和动作技能三个目标领域。到了20世纪70年代，这一关键性的工作继续由哈罗和辛普森补充完毕，按照由低到高、由简到繁的顺序把每个目标领域再细分为多个层次和水平，至此，教育目标分类评价理论得以形成了一个相对完整的体系。

（四）多元智力理论

多元智能力理论是1983年由美国哈佛大学教育研究院的心理发展学家霍华德·加德纳提出的。加德纳多元智力理论认为，智力的内涵是多元的，它由八种相对独立的智力成分构成，包括言语智力、逻辑—数学智力、视觉—空间智力、音乐智力、身体—运动智力、人际智力、自知智力、自然智力。任何个体都能够同时拥有多种相对独立的智力，且其组合和表现形式因个体差异而不同，不同个体的智力也就具有了不同的特点。高校体育教学体系需要根据时代的要求进行动态调整，多元智力理论为重构该体系提供了重要基础。为此，体育教师应从多个不同的视角出发，通过对学生多个方面的观察和分析，来对学生的优缺点进行综合评价，并以此为依据，促进教学水平的提高。因此，在体育教育过程中，除了要促使学生对体育活动进行主动参与和探究外，还应通过彼此之间的交流与合作，强化师生之间的角色互换，达到“教学相长”的目的。

二、高校体育教学中学生评价体系的构建

（一）学生评价体系简述

2020年中共中央、国务院在《深化新时代教育评价改革总体方案》中提出：各级各类学校立德树人落实机制要更加完善，引导教师潜心育人的评价机制更加健全，促进学生全面发展的评价办法更加多元。随着体育教学改革的不断深入，体育教学学生评价体系逐渐向多元化方向发展。对学生的评价不再是

仅仅对体育学习成绩的评价，而是注重对学生多方面综合素质的评价。高校体育教学学生评价体系要充分了解和满足学生身心发展的需求，充分激发体育学习潜能，帮助学生正确认识自我，促进学生体育素养的不断提升和全面发展。

（二）学生评价体系的内容分析

高校体育教学学生评价体系的内容主要包括对其体质健康、知识认知、体育技术技能、情感态度和社会适应五个方面的评价。

1. 体质健康评价

学生体质健康评价是高校体育教学工作中的重要环节，同时也是学生评价体系的重要组成部分。健康体质是人们正常生活、学习、工作的基础。具体而言，体质是人通过先天遗传和后天获得所表现出来的在身体形态、生理机能、运动能力及适应能力等方面的相对稳定状态。健康是生命支柱，身体是工作的直接承受体，只有健康的身体才能使生命辉煌，而健康的身体来源于多种因素，体育锻炼则是诸多功能因素中最为重要的关键因素。人的体质在其形成和发展过程中，具有明显的个体差异性和阶段性。因此，在人的不同生长发育阶段，体质的状况是不断发展和变化的，既有共同特征，又有不同年龄阶段的特征。因此，在高校体育学生评价体系中要全面、科学地对学生体质健康进行评价，使学生自身、学校、家长、社会等各方面对学生的身体状况有比较全面的认识和了解，从而在促使学生有针对性地调整自己的学习计划和锻炼目标的同时，能够为学校体育教学课程设计提供科学依据，为教育部门体育政策的调整提供参考。可以从以下考核指标对学生的体质健康情况进行评价，如表 8–1 所示。

表 8–1　大学各年级体质健康测量指标与权重　　单位：%

测试对象	单项指标	权重
大学各年级学生	体重指标（BMI）	15
	肺活量	15
	50 米跑	20
	坐位体前屈	10
	立定跳远	10

续表

测试对象	单项指标	权重
大学各年级学生	引体向上（男生） 1 分钟仰卧起坐（女生）	10
	1000 米跑（男生） 800 米跑（女生）	20

2. 知识认知评价

体育知识的主要内容包括体育理论知识、人体科学知识、心理学知识、社会学知识和美学知识等多个方面，这些知识是人们在长期的实践活动中积累起来的经验的概括，方便人们了解体育的相关信息，并为体育运动的开展奠定基础。对这些体育知识的认知，既可以通过理论课的形式来完成，也可以将这些知识渗透到体育技能技术的实践中加以运用理解。体育认知的评价目标包含对体育知识的理解、记忆和应用，如理解体育的本质和作用，懂得体育锻炼的目的和意义，认识体育对人生的影响和社会价值等。这是主动进行体育锻炼的重要思想条件，由此构成一种体育认知的建构能力。对体育知识评价目标的量化也要从以上三个层面进行，并通过试卷知识测验、语言表述、实际应用行为等考核和表现性评价方法进行测量，采用分数、百分比或等级来评定学生知识认知的水平。

3. 体育技术技能评价

对学生体育技术技能的评价一般通过掌握程度与表现型评价来进行。表现型评价就是通过学生实际动作中体育技术技能的表现来进行评价；掌握程度评价一般是依据学生对体育技术技能掌握的正确程度或数量来进行评价。两者都可以通过等级、分数、百分比等形式量化标准来进行评价。在体育技术技能评价指标中动作技术规范正确、结构合理具有较高的权重，应成为主要标准参照指标，然后再对应具体的教学目标，判定学生的体育学习目标的达成度。

4. 情感态度评价

高校体育教学中的情感态度指的是学生在体育活动中所表现出来的兴趣、动机、自信、意志和合作精神等影响学生学习效果的相关因素。情感态度不是通过一节课或者短时期的表现来判断的，教师在进行评价时要准确描述学生在具体某段时间内的情感态度。学生体育学习中的情感态度价值观的培养，是一个由知识与技能的学习过程承载的启发、渗透和感染的过程。体育教师要把情感态度价值观的培养有意识、自觉地贯穿于体育教学过程之中，使其成为教学的灵魂，使学生逐步形成社会所期盼的健康的情感、积极的态度和正确的价值观。学生体育学习过程总是伴随着一定的情感体验，学习过程中的情感体验总是影响着学生的态度，从而产生不同的学习效果，而不同的学习效果反过来又会使学生产生不同的情感体验，进而影响学习过程。可以从以下几个方面的评价指标来对学生体育学习情感态度进行评价：

（1）学生在体育教学活动中的出勤数。

（2）参与体育教学活动是否积极主动。

（3）对体育知识的学习是否专注。

（4）体育课堂教学中是否能够积极主动思考并回答问题。

（5）是否能够虚心接受教师的指导。

（6）对体育学习目标是否能够持之以恒。

5. 社会适应评价

高校体育教学对培养学生的社会适应能力具有特殊的作用。学生通过参加体育活动，能够进一步加强与社会的联系，交往能力、协作能力、竞争意识、团结精神等都会得到全面的提高和发展。学生在体育运动参与或竞赛当中，既有相互协作配合，又存在相互竞争，又必须遵守一定规则进行比赛活动，这种在体育运动参与中形成的合作、竞争、遵守规则、服从裁判的意识和行为将会迁移到日常生活、学习、工作中去。可以说，体育教学是社会的一个小缩影，通过体育教学，在提高健康水平的同时，可以增强同学之间、师生之间的人际关系，使学生加深对社会规范与其角色定位的认知，锻炼学生的耐挫能力，对培养学生成为社会人具有重要的促进作用，从而也有利于学生社会适应能力的培养。

三、高校体育教学中教师评价体系的构建

（一）教师评价体系简述

体育教学改革的深入，对高校体育教师提出了更新、更高的要求。高校体

育教学中，教师处于教学活动的中心。教师评价是对教师的体育素质和专业能力、教师在教学活动中的综合表现以及教学效果做出价值判断的过程。对体育教师的科学合理评价，能够促使教师对教学活动不断进行反思和分析，从而进一步改进教学方法，提高体育教学水平。教师评价体系需要建立起以教师的自我评价为主，学生、家长、学校领导等多方力量共同参与的评价体系，与教师一起分析工作中的成就和存在的不足，使教师能够获得更多的信息渠道和信息资源，从而根据反馈及时改进，促进教师的成长和发展，促进体育教学质量的提高。

（二）教师评价体系的内容分析

高校体育教学教师评价体系的内容主要包括对体育教学准备、体育教学实施、体育教学效果三个方面的分析。

1. 体育教学准备分析

体育教师在体育教学准备阶段需要开展明确教学目标、全面了解学生情况、对教学任务进行设计、选择合适的教学方法、对学习环境进行管理等方面工作，并制定科学合理的教学方案。体育教学准备阶段作为体育教学的开始环节，能为以后其他教学环节的开展打下坚实的基础，为体育教学的成功创造良好的条件。教学准备阶段既是体育教学工作准备的过程，同时也是教师思想准备的过程。教师要从思想方面对整个体育教学准备阶段的工作有个总体的把握，深刻了解教学目标并做好如何实现的筹划，对教学方法的采用和学生学习活动的调控等方面都要做好准备，做到心中有数、思想上有准备，确保教学目标的顺利完成。

2. 体育教学实施分析

高校体育教学实施阶段是体育教学的主体部分，对整个体育教学效果起到决定性的作用。这一阶段是师生共同参与的阶段，教师的“教”和学生的“学”产生联系并相互作用。教师根据学生的实际学习需要和体育技术技能的掌握情况，因材施教，对教学内容进行系统的讲解；学生则在教师的指导下，理解消化教师所讲授的知识，进行体育技术技能练习，达到身心发展、学习热情与自信心提高的目的。在这一阶段教学中，教师和学生双方实际体育教学过程的其他因素都会发挥作用，对体育教学效果和教学质量产生直接或间接的影响。

3. 体育教学效果分析

体育教学效果主要体现在以下方面：学生对体育知识和体育技能的掌握；学生健康水平、情感、态度、社会适应等方面的提高；学生体育锻炼和终身体育锻炼意识的养成。高校体育教学评价中教师教学效果分析是其中的一个重要组成部分，它不但反映了体育教学的全过程，还反映了学生对教师的满意程度、学生体育知识与体育技能技术的掌握情况、学生健康习惯的养成等多个方面。

四、高校体育教学中环境评价体系的构建

（一）高校体育教学环境评价体系概述

1. 高校体育教学环境的内涵分析

高校体育教学环境指的是体育教学过程中影响教师“教”和学生“学”的一切内外部条件，主要包括制度、物质、氛围等方面。总的来说，高校体育教学环境是由体育教学影响环境、体育教学软性环境以及其他子要素所组成的多层次、多因素的复杂系统，各组成部分之间相互作用、相互影响，使环境评价体系呈现出相应的多层次性、多维性。教学环境的影响往往是潜移默化的，良好的体育教学环境具有积极的导向和激励作用，是保证体育教学活动顺利开展的重要条件。

2. 高校体育教学环境评价体系阐释

由以上高校体育教学环境的内涵分析可以看出，高校体育教学环境是一个复杂的系统整体，具有多层次性、多维性，这就决定了高校体育教学环境评价的多层次性和多维性。高校体育教学环境评价指标体系需要对体育教学环境的硬件环境因素、软件环境因素以及软件环境与硬件环境因素的关系进行全面系统的分析。

（二）高校体育教学软件环境与硬件环境分析

1. 硬件环境因素分析

高校体育教学的硬性环境是体育教学设施、体育教学场地以及其他物质条件的总称。高校体育教学中的硬件环境是体育教学活动顺利进行的物质基础，在一定程度上对体育教学质量和体育教学效果产生影响。从物质的表现形式上

来看，体育教学中的硬件环境是看得见、摸得着的。高校体育教学硬性环境是一个多因素构成的复杂系统，这些因素是体育教学活动能够顺利进行的物质保障。

虽然硬性环境不直接参与教和学的过程，但它是高校体育教学中必不可少的物质条件。尤其高校体育教学作为实践性为主的学科，对硬性环境具有很强的依赖性，体育教学的许多内容都以物质条件为基础，离开了物质教学环境，体育教学就不能顺利开展和进行。试想一下，如果一堂足球课没有场地或足球等硬性环境，该体育项目的学习该如何开展，又如何能够保证体育课堂教学效果和教学质量。高校体育硬件环境要通过体育教育资源的配置以及体育教学经费的合理使用来实现优化。

2. 软件环境因素分析

体育教学软件环境由包括师生关系、体育风气、教师素养等在内的多种因素组成，它对体育教学产生的影响相对来说要远远大于体育教学硬件环境，在促进师生的身心健康发展、保障体育教学活动的顺利进行等方面都发挥着重要作用。良好的体育教学软件环境是保证体育教学工作顺利开展的基本条件，同时，体育教学硬件环境的功能必须通过体育教学软件环境才能有效发挥出来。下面从师生关系、体育风气、教师素养等因素方面进行简要分析：

（1）师生关系因素分析。高校体育教学中教师处于主导性的地位，为学生体育学习过程提供指导；学生则处于主体性的地位，在体育教学过程中发挥主观能动性。教师的主导性和学生的主体性是教学中不可分割的两个方面，在教学活动过程中，教师要善于调动课堂气氛，针对学生实际需求和不同体育基础因材施教，提供科学合理的引导，有效调动学生积极性和主动性，激发学生体育学习的热情和动力，使师生关系更加融洽，在愉快和谐的氛围中相互促进、相互提高、教学相长，一起促进体育教学目标的实现。

（2）体育风气因素分析。体育风气指的是学校在体育方面养成的普遍流行的相对稳定的一种集体行为风范。体育风气是校园文化的重要体现，是校风的有机组成部分，它是由学校的所有成员共同创建的，又反过来对每个个体成员产生一定的作用和影响。高校体育风气作为高校体育软件环境的重要因素，能够在耳濡目染中对学生的行为模式和态度产生潜移默化的影响。良好的体育风气能够产生一定的导向、规范、约束和辐射作用，从而对大学生产生积极的影响和教育教导效能。

（3）教师素养因素分析。高校体育教学软件环境中体育教师素养具有重要的意义。在高校体育教学活动中，体育教师作为教学活动的直接参与者，一言一行都在无形之中对学生和体育教学形成影响，体育教师及体育教师的教学行为构成影响学生学习的客体环境。高校体育教师需要具备思想、知识、心理三个方面的基本素养。其中，思想素养指的是体育教师需要具备教学能力，指导业余体育运动队训练的能力，组织早操、课间操、课外体育活动、体育竞赛的能力和体育教研能力等方面修养；知识修养指的是体育教师需要具备学习基础理论知识，学习文学、哲学、历史学等人文学科知识的修养；心理素养指的是体育老师应该具备广博的兴趣、热烈深厚的情感以及坚强的意志。

3. 软件环境与硬件环境因素关系分析

体育教学中体育教学设施、体育教学场地等硬件环境因素是体育教学的物质基础，对体育教学软件环境中的体育教学内容、体育教学方法、体育教学组织等起到限制和影响作用。反之，人作为体育软件环境中的载体和最活跃的因素，具有主观能动性，能通过建设、改造等主观能动性活动，使体育教学的硬件环境发生改变，硬件环境的改变必然引起体育教学内容、体育教学方法等相联系的体育软件环境的变化。从以上分析可以看出，高校体育教学中软件环境因素和硬件环境因素之间紧密联系，密不可分，是一种相互影响、相互作用的关系。

（三）教学环境评价的实施

高校体育教学环境评价应该坚持客观、科学、全面、有效的评价原则，评价标准的制定应该能够全面反映体育教学软件环境和硬件环境的状况，具体可以从以下两方面来进行重点考察：

1. 对硬件环境的评价

（1）体育教学场所。高校体育教学篮球场、排球场等场地的布置与设置要考虑学校的整体布局，其位置、方向、采光、通风、颜色、声音、温度以及建筑材料等都必须要符合学生身心特点，充分考虑学生运动安全、卫生情况、审美体验等方面的需求。体育教学场所的好坏能够对体育教学效果产生重要影响，例如，体育馆里空气新鲜使人大脑清醒、心情舒畅，能提高教学效果。反之，则容易使人大脑昏沉，影响体育运动状态和训练效果，大大降低体育教学效果。

（2）体育教学设备。体育教学设备包括课堂桌椅、体育图书资料、信息化教学设备等体育常规设备和篮球、足球、排球、健身器材、标枪、单双杆、体操垫、飞盘等体育器材设备，这些体育设备是开展体育教学活动的基本条件，对体育教学任务的完成起着非常重要的作用。体育教学设备必须符合国家相关标准，安全环保，结合体育课程要求和体育教学实际需要进行配备。

2. 对软件环境的评价

（1）课堂教学气氛。体育课堂教学气氛是指在体育教学过程中，教师与学生、学生与学生形成的心理上共振、情感上共鸣，师生趋向一致、相对稳定、动态的集体情绪状态。良好的课堂教学气氛有利于师生之间的互动和情感交流，教师能够及时掌握学生的学习情况，学生能够在教师的引导下积极开展体育学习和体育技能技术锻炼，教师的主导性作用和学生的主体性地位都能够得到有效的发挥。通过师生之间的信息交流与反馈，教师能够根据所掌握的情况、具体的教学环境不断调整教学内容和教学策略，取得理想的教学效果。

（2）体育管理制度。体育管理制度是体育管理的机构设置、权限划分、运行机制等方面的总称。科学、完善的教学管理环境能确保体育教学活动的顺利开展，是良好体育传统、体育风气、体育教学课堂气氛的有效制度保障。高校体育管理制度必须适应现代教育的新变化，进行体育组织机构、体育结构、运行机制等相关方面的创新，使之能够合理地组织体育教学，提高管理效率，促进教学质量和教学效果的提升。

五、高校体育教学中教学管理工作的评价路径

（一）高校体育教学管理工作评价的步骤

高校体育教学管理工作的评价路径如图 8–2 所示。

1. 评价准备阶段

第一步，明确评价对象和评价范围，评价工作可以在不同层面上进行，但

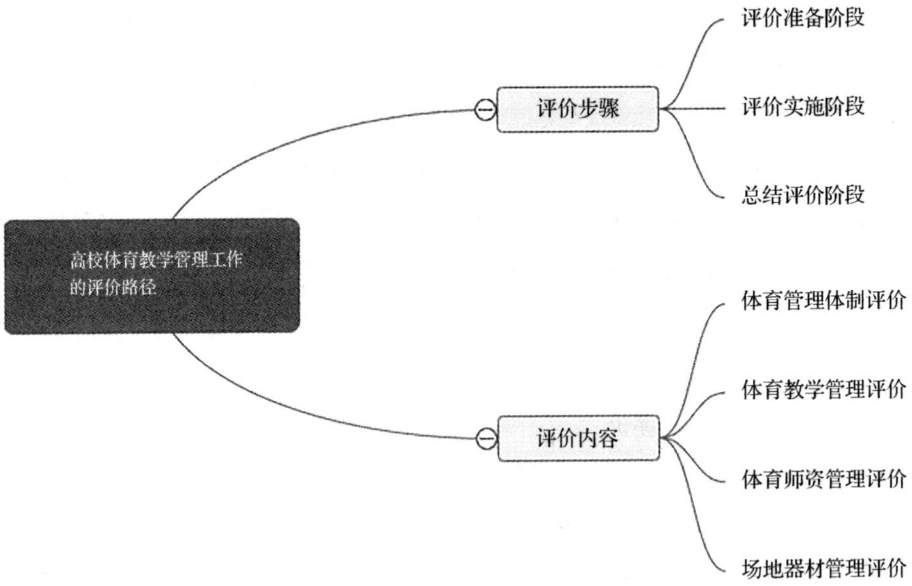

图 8–2　高校体育教学管理工作的评价路径

是评价对象和评价范围需要具有上下级、协作约束等直接性关系。

第二步，明确评价目的。评价目的为评价的开展提供导向，对评价对象和评价方法产生巨大的影响。

第三步，选择评价方法。评价方法需要根据评价目的来选择，评价方法包括过程性评价和终结性评价、定性评价和定量评价、相对评价和绝对评价等。

第四步，制定评价指标体系。评价指标体系的制定首先要对评价对象的内容项目进行筛选，使评价目标能够被量化和测定，并形成一定的指标体系。

第五步，安排好评价进度。评价进度的安排要注意时间和过程，体现精练高效的原则。

第六步，选择评价成员。评价成员的合理选择是保证评价客观、公正的重要因素，要选取那些业务熟练、作风正派的专家加入评价组。

第七步，准备评价工具。评价工具要结合评价内容和相关的评价要求来准备，一般包括调查问卷、调查表格、测试表等，通常供搜集信息使用，为后面评价的实施做准备。

2. 检测实施阶段

检测实施阶段是整个管理评价工作的关键阶段和中心环节，这一阶段要做好评价信息的搜集工作，对评价信息进行有效处理，通过分析得出评价结论。

3. 总结评价阶段

总结评价阶段是通过对评价信息作出客观分析，找出管理工作中存在的问题，并有针对性地进行改进和调整，进而促进评价目标的最终实现。

（二）高校体育教学管理工作评价的内容

高校体育教学管理工作评价内容包括对体育管理体制、体育教学管理、体育师资管理、场地器材管理等方面进行的评价。

1. 体育管理体制评价

学校体育管理体制评价的内容主要包括学生各级体育管理机构的设立情况；学校体育管理各层次的职责是否明确；有关体育方面的规章制度是否健全；等等。

2. 体育教学管理评价

体育教学管理评价的内容主要包括学生体育锻炼的出勤情况；早操、课间操的组织开展情况；课余训练的制定实施情况；体育运动竞赛的组织实施情况；等等。

3. 体育师资管理评价

体育师资管理评价的内容主要包括体育师资队伍的年龄结构、学历结构；体育教学工作完成情况；体育教师的业务培训情况；等等。

4. 场地器材管理评价

场地器材管理评价的内容主要包括体育器材的配备是否符合国家的相关要求；场地器材的费用支出是否合理；场地器材的使用频率；场地器材的维修更新情况；等等。

第三节　高校体育教学评价体系的改革创新

随着现代教育改革的不断深入，高校体育教学理念不断更新，高校体育教学评价体系改革创新也逐渐提上了日程。特别是随着互联网信息技术的发展，信息化技术也开始应用于高校体育教学评价之中，这无疑加快了高校体育教学评价改革创新的步伐。科学合理的体育教学评价体系能够对体育教学工作进行有效的调控和管理，实现教和学的良好互动，从而促进体育教学目标的实现和体育教学的高效发展。

一、高校体育教学考核评价方法的创新

考核评价方法是高校体育教学活动必不可少的重要环节，也是高校体育教学评价体系改革创新的重要环节之一。不同的评价内容和评价方式会产生不同的评价结果，高校要从多个方面完善体育教学评价体系的考核评价机制，引导高校体育教学向着正确的方向健康发展。高校体育教学评价要尽量避免采用单一的评价方式，尽量采取多种评价方式来对体育教学过程和体育教学效果进行评价。评价方式和评价手段的多元化是总体趋势和发展方向，将各类绩效考评办法综合起来，形成以一种评价方式为主，其他评价方式辅助进行的多样化评价方法，能够客观反映高校体育教学的真实情况，提供比较客观的结果。下面具体介绍单项评价与综合评价相结合、定性评价与定量评价相结合、静态评价与动态评价相结合、自我评价与他人评价相结合四种评价方法，如图 8–3 所示。

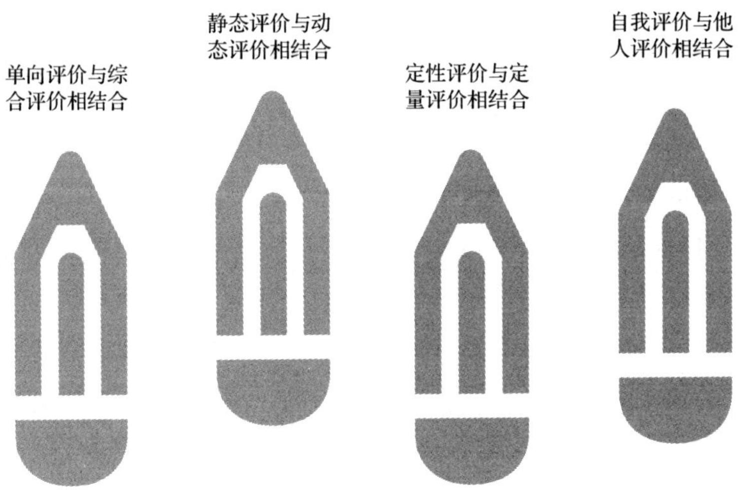

图 8–3　考核评价方法

（一）单项评价与综合评价相结合

单项评价指的是用一项指标评定被评价对象某一方面的情况。综合评价

可以是对被评价对象的全面评价，也可以是对被评价对象某一方面的全面评价。在对高校体育教学进行评价时既要注重某一项指标的完成情况，又要对整体的综合情况进行全面评价，即采用单项评价与综合评价相结合的方法。

例如，在对高校体育教学进行评价时，可以采用单项评价的方式，从学生对体育知识的掌握情况、教师的教学方法手段等方面分别做出评价。也可以采取综合评价的方式，对高校体育教学质量的整体情况进行综合评价。综合评价是对总体效果的总结和考核，而不是某一项和某一方面的单向考察。

总之，对高校体育教学的评价要采取单项评价与综合评价相结合的原则。单项评价是综合评价的基础，综合评价是单项评价的目的，只有将单项评价和综合评价结合起来，评价的效果才能更客观、更真实。

（二）静态评价与动态评价相结合

静态评价指的是对评价对象目前达到的水平或所具备的水平的判断。在进行静态评价时不考虑评价对象的情况和今后发展的趋势，只考察评价对象在特定的时间和空间内的现实状态。动态评价指的是对于评价对象的发展状态的评价。在进行动态评价时更注重评价对象的历史情况，注意其发展潜力和发展趋势，动态评价能够通过纵向比较，考察被评价者的变化历程。高校体育教学评价的静态评价是对一定时空内高校体育教学活动的评价，静态评价具有客观性和统一性，但缺乏灵活性。而动态评价是对高校体育教学情况变化历程和发展情况的考察。

大学时期学生正处于价值观和人生观的形成与确立时期，高校体育教学也会随着时间、空间的变化呈现出一定的阶段性、过程性和可持续性，因此，静态评价与动态评价相结合评价高校体育教学的学习过程与效果是非常必要的。传统综合评价一般都是静态评价，即评价某个时刻的水平，而在实际中，经常需要研究某个时期内的发展变化情况。这就需要在静态评价中引入时间因素，进行动态综合评价。在动态综合评价中，不仅需要考虑个体的偏好集结，还要考虑偏好集结的动态变化；不仅需要考虑评价要素的权重，还要考虑权重的动态性。静态评价与动态评价的侧重点不同，相辅相成、互为补充，只有两者相结合才能客观评价高校体育教学情况。

（三）定性评价与定量评价相结合

任何事物都有量和质的规定性，高校体育教学也是如此。高校体育教学评价对能够反映学生对体育知识的掌握情况、体育技术技能熟练情况等的因素进行收集、分析、评估，最终根据一定的标准得出结论性的评价，是比较直观、科学的评价方式，具有重要参考价值。但在量化评价方式之外，高校体育教学还有许多难以量化的丰富内容，这就需要以定性评价方式来弥补定量评价方式的不足。高校体育教学评价的评价方法具有定量与定性相结合的特点。以测量手段为基础的教育评价推崇定量的方法，的确是不可或缺的一个重要的评价方式。但是，随着体育教育评价活动的开展，可以发现体育教学活动是相当复杂的，将其完全量化是不可能的。定性的方法有利于客观地把握和描述教育现象，运用定量方法的目的是客观、准确地对体育教学活动的优劣得失做出判断，但过分追求量化、片面追求量化，反而可能与客观、准确的初衷背道而驰，因而高校体育教学必须运用定量与定性相结合的评价方法与技术，只有实现两者的统一，整个评价体系才能够更加科学、合理。

（四）自我评价与他人评价相结合

高校体育教学的自我评价指的是学生依据一定的评价标准，对自己体育学习和体育技术技能锻炼情况进行分析和判断，并对自身的体育学习和体育技术技能锻炼进行自我调节的活动。高校体育教学的自我评价并不是随意的、主观的评价，而是按照一定的标准所进行的评价，如学生事先预定的体育教学的学习目标和相关要求。体育教学的自我评价实质上是大学生对自己学习意识和行为的反思和调控，学习者依照标准对自己所搜集到的关于体育知识和体育技术技能锻炼的信息进行整理和分析，从而发现自己的不足和需要改进的地方；学习者再依据评价结果，调整自己对体育知识和体育技术技能的学习态度、学习计划和学习方法，从而确定自己以后的学习重点，不断促使自己调整方向，向理想的方向一步步迈进；学习者通过及时的自我批评，发现不足并及时调节，在教师和同学的鼓励和帮助下激发学习的动力和热情。当学习产生成效时，会产生更大的学习热情，起到自我激励的功能，从而实现自我发展、自我实现和自我完善。

高校体育教学的他人评价一般包括学生互评、教师评价和家长评价。学生互评可以让学生成为评价的主体，帮助学生正确认识自我，从而发挥课堂的效果，帮助学生建立体育学习的自信，促进其体育学习的发展。需要注意的是，在进行体育学习情况互评时，要充分尊重个体差异，鼓励学生发表自己的不同见解和主张。体育教师评价不仅对学生能起到激励作用，更重要的是能促进学生的发展。教师要发挥体育教学的教育功能，树立正确的评价理念，并营造良好的评价氛围，及时了解学生在体育教学发展中的实际需求，帮助学生正确认识自我，建立自信。体育教学家庭评价发挥着重要作用。家庭是学生成长与发展的重要环境，家长是孩子教育的重要参与者，充分调动家长的积极性参与对学生的体育学习评价是实现共同促进学生发展目标的重要环节。

总之，高校体育教学倡导自评与他评相结合，学生从接受评价到主动参与评价，一改以管理者为主的单一评价主体的现象，教育评价由教师、学生、家长共同参与，体现体育教学过程的民主化、人性化，有助于帮助学生接纳和认同评价结果，促进体育教学的不断改进和发展。

二、高校体育教学评价改革创新的具体策略

随着高校体育教学改革的不断深入，相应的教学评价体系也不断进行创新，高校体育教学评价的科学性、精确性和系统性不断加强，其改革创新的具体实施策略需要从以下几个方面进行规范和落实，如图 8–4 所示。

（一）构建科学规范的体育教学评价指标

高校体育教学指标的设计需要把握一定的政策性和技术性，把国家的教育方针政策作为高校体育教学评价设计的依据，运用科学合理的方法，构建规范的体育教学评价指标。

1. 初步拟定评价指标

教师要把高校体育教学目标作为总目标，对体育教学评价指标进行分层次设计，分别确定体育教学评价的分目标，并针对评价对象展开具体的分析。要对评价对象进行充分的了解，在此基础上对评价目标进行逐层分解，初步形成从高层到底层逐级排列的多层次的体育教学评价指标，这样的评级指标才能够充分反映评价对象的本质特征和内在联系，进而进行客观合理的评价。

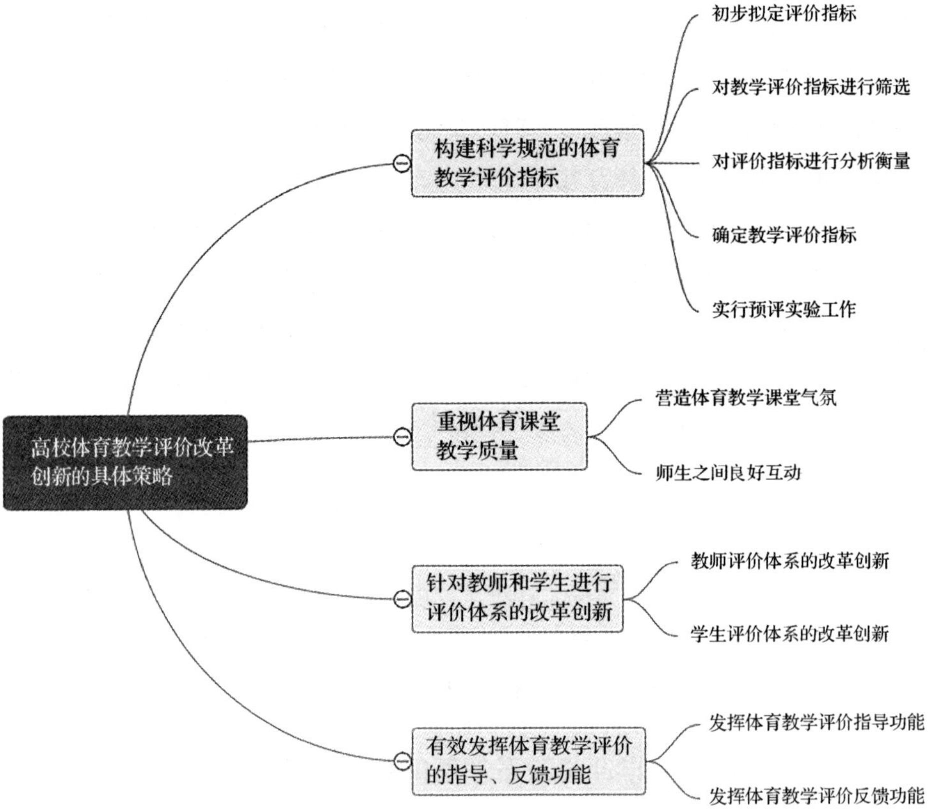

图 8–4　高校体育教学评价改革创新的具体策略

2. 对教学评价指标进行筛选

在对体育教学目标进行分解基础上，我们能够得出初拟的维度和评价指标。但是在这些评价指标中，有的能够准确反映体育教学评价对象的本质，有的则不能准确反映体育教学评价对象的实际情况，因此，需要对教学评价指标进行进一步的筛选。体育教学评价指标的筛选可以通过简化体育教学评价步骤，提高体育教学评价指标的质量，以便高校体育教学评价的实施。在筛选过程中通常采取理论推演、专家评判和实践经验三种方法。理论推演方法指的是根据教育学、社会学、心理学、美学、哲学等相关学科的理论及科研成果，来对体育教学评价指标进行研判，完成筛选和认定工作；专家评判方法指的是采用问卷征询、专人访问、专家研讨会等方式，就初拟的体育评价指标征询相关专家的意见和看法，进行修订和筛选；实践经验方法指的是教师根据体育教学实践中的经验，对初步拟定的体育教学评价指标进行综合分析，完成评价指标的筛选。这三种方法可以根据不同情况选择运用，也可以采用两种或三种方法相结合的方式来完成对体育教学指标的筛选工作。

3. 对评价指标进行分析衡量

在完成对体育教学评价指标的初步拟定和筛选两个步骤之后，需要对评价指标进行进一步的分析衡量，明确体育评价指标的要素范围界定，避免体育教学评价指标的评价范围过宽或过窄；科学衡量体育教学评价指标在体育教学评价中的重要性。以上分析衡量主要通过以下两种方法来实现：一种是通过比较法来衡量，即将评价指标两个一组进行分组，通过两两对比来对评价指标的外延范围、某一方面特点等方面进行比较，最后对比较结果进行分析，得出分析衡量结果。另一种是依靠集体成员的力量来衡量，即依靠包括教育部相关人员、学校体育部门相关人员、学校体育科研人员、体育教师等在内的集体成员的力量，通过他们对国家体育政策的把握、体育工作中的实践经验对评价指标加以权衡，进行全面的分析和比较，从而得出衡量结果。

4. 确定教学评价标准

完成前三个步骤之后，就可以对体育教学评价标准进行确定了。体育教学评价标准一般通过下面两步来确定：第一步，评价标度的设计。标度一般用定性和定量两种方法来表示。定性标度主要是用熟悉、不熟悉、了解、不了解等描述性的语言来表示；定量标度主要是针对评价资料进行“量”方面的分析。第二步，标号的设计。标号指的是区别标度的符号，一般用优秀、良好、中等、合格、不合格等具有区别性的符号来表示标号。

5. 实行预评实验工作

在体育教学评价指标确定后，可以选择小范围的评价对象作为试点进行预评实验工作。预评实验工作的目的是检验评价指标的效度如何，是否具有操作的可行性。通过预评实验工作的反馈信息，我们能够及时发现体育教学评价指标存在的问题并进行修正优化，使体育教学评价指标趋于科学、合理、完善。

（二）重视体育课堂教学质量

课堂教学是高校体育教学的重要形式，课堂教学质量的好坏对高校体育教学有着非常大的影响。高校体育教学评价中，很难通过量化的标准对体育课堂教学进行定量评价，因此，通过体育教学评价反馈体育课堂教学的实际情况的有效性还有待进一步提高。高校体育教学评价改革创新要重视对体育课堂教学质量的评价，要积极探索、勇于创新，研究出科学合理、可操作性强的体育课堂教学质量评价方法，促进体育课堂教学质量的有效提升，充分营造体育课堂教学的气氛，调动“教”和“学”双方的积极性，实现师生之间的良好互动，有效促进高校体育教学评价系统的完善和体育教学目标的实现。

（三）针对教师和学生进行评价体系的改革创新

高校体育教学中教师的“教”和学生的“学”是组成体育教学的两个方面。高校体育教学评价要针对教师和学生评价体系分别进行改革创新，以实现体育教学评价的全面性与科学性。

1. 教师评价体系的改革创新

科学合理的教师评价体系不但能够有效评定体育教师在过去教学中的成绩，而且能够为其将来的专业发展指明方向，有效促进体育教学的专业发展和教学素养的成长。高校体育教师评价体系的改革创新可以着重从以下几个方面来进行：

（1）注重多主体参与的多元化评价模式。高校体育教学传统教学评价体系下，评价主体一般由学校领导、学校体育部门管理人员所组成，这种一元化的评价方式难免存在偏颇，容易使评价结果出现偏差，不利于体育教师的成长和发展。要提高教师评价效果的有效性，就必须进行教师教学评价参与主体的创新，构建以体育教师自评为主，学校领导、学生、家长、社会等多主体共同参与的多元化模式，形成多方位、多渠道的信息反馈渠道，构建教师自身、学校领导、学生、家长、社会等共同交互的多角度、多元化评价模式。体育教师的自我评价能够反映教师的自我发展需求，充分激发教师的主动性和能动性，从而促进体育教师的专业发展和体育教学质量的提高。学校领导、学生、家长等评价主体作为体育教师评价的参与者，他们直接或间接参与了教师的体育教学活动，会从不同的角度对教师的工作表现、教学质量进行评价，提出具有针对性的评价意见，有利于体育教师教学的改进和专业发展的提升。

（2）重视教师的专业发展和成长。高校体育教学过程是不断持续变化的过程，体育教师在教学中只有不断进步，结合反馈和评价不断反思和改进，才能实现专业发展和成长。高校体育教师评价体系要为教师的专业发展和成长提供引导和方向，肯定教师在体育教学方面取得的进步和成绩，指出教师在体育教学过程中需要改进和提高的地方。首先，要对教师在体育教学中取得的成绩给予充分肯定，激发教师的成就感和自信心，在以后的体育教学中再接再厉，取得更大的进步。其次，要引导教师提升道德水平。教师对学生的影响是潜移默化的，其言行能够为学生树立榜样，影响其人生观、价值观和世界观的形成。最后，要促进教师提升体育专业知识和技术。有效的反馈评价能够促使教师进行专业知识方面的学习和提升，尤其是体育学科作为实践性较强的学科，对教师的体育知识、体育技术技能、体育课堂教学能力、赛事组织能力等都提出了一定要求。科学合理的教师评价体系能够为教师的专业水平进步提供指导和动力，促使其持续不断学习，提高自身的专业知识储备，促进其专业发展和成长。

（3）强调评价内容的多样化。高校体育教学过程中存在许多影响体育教师教学效果的因素，因此，高校体育教师评价体系的评价内容也具有多样化的特点。高校体育教学过程中，体育教师的职业道德、工作态度、体育专业知识能力、人格特征等因素都能对体育教学效果造成影响，因此，对体育教师的评价也应该从体育教学的思维状态、情感状态、目标达成状态等多方面来进行，深入了解教师的整体素质、教学表现、进步情况和对未来职业生涯的规划发展情况，促进体育教师的专业成长和发展。

（4）坚持评价过程的动态化。高校体育教学教师评价体系要提倡对教师评价的整个过程而不是某一个阶段进行考察；不单单注重对结果的终结性评价，也重视对过程的形成性评价。在评价过程中注重对教师长期动态化的考察，把对教师的评价融入到教学情景之中和日常生活中，坚持评价的客观性和科学性，有效促进教师体育教学效果的提升和创造性的发展。

（5）提倡评价标准的灵活性。高校体育教学教师评价体系不仅注重对教师某一方面能力的单项评价，也不再把某一次课堂教学印象作为唯一的评价指标，而是提倡评价标准的灵活性。在评价过程中注重教师之间存在的个体差异，尊重教师的个性特点，通过灵活的多项评价标准来对教师的体育教学活动进行综合评价，在体现对教师的基本要求的同时，充分关注教师个体的差异以及发展的不同需求，促进其在原有水平上的提高和发展的独特性，提高教师的综合素质，促进教师各方面的成长。

2. 学生评价体系的改革创新

高校体育教学学生评价体系的改革创新是高校体育教学发展的需要，也是实现高校体育人才可持续发展的需要。通过科学合理的学生评价体系的构建，能够促进学生身心健康发展，通过体育学习和体育锻炼获得幸福感和价值提升，培养良好体育锻炼习惯和终身体育意识。

（1）重视学生的全面发展。高校体育教学学生评价体系的改革创新要重视学生的全面发展，不但要关注其身体素质的提高，还要关注其心理健康、道德素质、社会交往能力等方面综合素质的进步和提升，把学生的意志力、拼搏精神、团队意识、合作能力等纳入学生评价体系的范围，在高校体育日常教学中把综合素质培养纳入体育教学实践，通过学生评价体系的反馈进行方向引导。

（2）鼓励学生的个性发展。在高校体育教学学生评价体系中要鼓励学生发展自己体育方面的兴趣爱好，提高学生对体育学习的兴趣，帮助学生把兴趣爱好发展为特长，积极鼓励学生参加各种运动会和体育项目比赛，在学生评价体系中针对特长方面可以设置加分项，促进学生积极性的提高，鼓励其个性化发展。

（3）注重在评价过程中进行激励。引导和激励是高校体育评价体系建设的重要目标。在高校体育教学过程中，要从体育知识的学习、体育技能技术的训练、体育素养的提升等各方面对学生进行整体的引导，并提出明确的要求和目标。通过制定相应的评价标准来对学生的体育技术技能掌握情况、情感态度、社会适应能力做出评价，在评价过程中多采取激励性的措施，有针对性地帮助学生发现问题，解决问题，不断改进和完善自身体育学习过程。

（四）有效发挥体育教学评价的指导、反馈功能

高校体育教学评价的改革创新需要有效发挥体育教学评价的指导和反馈功能。反馈是获得评价信息的关键方法，科学合理的体育教学评价能够为评价对象提供合理指导，可以使阶段性的教学过程变成闭环的、不断改进的良性循环系统。教学评价结果是否能得到客观、全面的分析，是教学评价反馈功能能否

有效发挥的关键。此外，在高校体育教学中，科学的教学评价能够为教学活动的开展指明方向，提供有效指导。通过设定目的性评价内容、评价指标以及权重等，能够为教师的体育教学和学生的体育学习锻炼指明前进的方向。通过基于反馈的问题重新对体育教学工作的各个环节进行有效的调节，能够使体育教学评价更加科学化、合理化，促进教学质量的提高和教学目标的实现。

参考文献

［1］郝英 . 高校体育教学俱乐部的组织与设计 [M]. 北京：九州出版社，2020.

［2］张京杭 . 高校体育教学方法实践探索 [M]. 北京：现代出版社，2019.

［3］王丽丽，许波，李清瑶 . 教育技术在高校体育教学中的实践探索 [M]. 长春：吉林人民出版社，2021.

［4］杨乃彤，王毅 . 高校体育教学创新及运动教育模式应用研究 [M]. 北京：九州出版社，2019.

［5］任婷婷 . 高校体育教学管理改革与模式构建 [M]. 长春：吉林大学出版社，2017.

［6］周春娟 . 高校体育教学的影响因素分析与改革探索 [M]. 青岛：中国海洋大学出版社，2018.

［7］闫国强 . 浅谈高校体育教学 [J]. 百科论坛电子杂志，2020（18）：1612.

［8］段美玲 . 高校体育教学中的方法 [J]. 河北画报，2021（1）：187.

［9］卢闪闪 . 民办高校体育教学研究 [J]. 青春岁月，2020（24）：36–37.

［10］冉世宇 . 高校体育教学内容的改革 [J]. 百科论坛电子杂志，2020（15）：1812.

［11］郭家骏，于欣慈 . 高校体育教学管理创新与发展思考 [J]. 长春师范大学学报，2022，41（5）：189–191.

［12］张伟 ."互联网 +"在高校体育教学中的应用 [J]. 黑龙江科学，2022，13（13）：153–155.

［13］韩辰光 . 高校体育教学改革 [J]. 社会科学（引文版），2018（1）：132.

［14］孙永武．面向终身体育理念的高校体育教学[J]. 运动—休闲（大众体育），2021（7）：92.

［15］黄宏．高校体育教学管理创新方式研究[J]. 文存阅刊，2021（3）：74–75.

［16］高洪杰．高校体育教学“立德树人”的路径探析[J]. 体育科技文献通报，2021，29（7）：107–108.

［17］李立成．“互联网+”在高校体育教学中的运用[J]. 年轻人，2021（9）：79.

［18］庄琦．构建高校体育教学创新体系研究[J]. 黑河学院学报，2021，12（1）：116–118.

［19］李永刚．高校体育教学创新体系的创建探索[J]. 当代体育科技，2021，11（17）：92–94.

［20］陈海龙．高校体育教学推行俱乐部模式的思考[J]. 山海经·教育前沿，2021（6）：97.

［21］赵雯．学科核心素养与高校体育教学[J]. 体育画报，2021（12）：76–77.

［22］田伟．高校体育教学中的安全问题分析[J]. 时代人物，2021（4）：258.

［23］陈烨．高校体育教学环境的生态构成研究[J]. 安徽电子信息职业技术学院学报，2021，20（3）：107–110.

［24］郭峰．对高校体育教学改革创新的思考[J]. 体育视野，2021（12）：49–50.

［25］贾一波．高校体育教学组织形式之探讨[J]. 课程教育研究，2021（22）：159–160.

［26］魏海．高校体育教学创新的必要性及措施[J]. 中外交流，2020，27（15）：34.

［27］谢洪胜．高校体育教学和运动训练的协调发展[J]. 文渊（高中版），2020（9）：212.

［28］袁丹．互联网+时代高校体育教学模式创新[J]. 冰雪体育创新研究，

2020（18）：81–82.

［29］张涛涛．信息时代高校体育教学改革探究 [J]. 科教导刊，2020（4）：27–28.

［30］马英．高校体育教学课程创新改革的研究 [J]. 传播力研究，2020（10）：165–166.

［31］高原原．高校体育教学改革创新新思考 [J]. 北京印刷学院学报，2020，28（S2）：242–244.

［32］艾飞．高校体育教学模式改善方法 [J]. 视界观，2019（21）：169–170.

［33］冯辉．高校体育教学和运动训练的协调发展 [J]. 中国农村教育，2019（35）：30–31.

［34］陈杨，胡红，吴延硕，等．定向越野与高校体育教学的实践分析 [J]. 拳击与格斗，2019（18）：38.

［35］董奎．高校体育教学现状及改革对策 [J]. 求知导刊，2019（1）：88.

［36］刘烨，王莹，李篁．我国高校体育教学改革探讨 [J]. 体育风尚，2019（10）：199.

［37］王立言．构建高校体育教学创新体系的研究 [J]. 科技视界，2019（30）：125–126.

［38］李春．高校体育教学面临的问题及对策研究 [J]. 文渊（中学版），2019（8）：10.

［39］王志刚．高校体育教学和运动训练的协调发展 [J]. 灌篮，2019（12）：73.

［40］原超．高校体育教学改革与大学生终身体育意识的培养 [J]. 新体育，2021（3）：88–90.

［41］金海波．终身体育理念下高校体育教学改革的探讨 [J]. 体育画报，2021（13）：171–172.

［42］张雄．终身体育理念下高校体育教学改革研究 [J]. 灌篮，2021（10）：91–92.

［43］杨文汉．体育拓展训练引入高校体育教学的必要性与策略 [J]. 冰雪体育创新研究，2021（14）：112–113.

［44］张壮壮．体育游戏在高校体育教学中的应用实践 [J]. 当代体育科技，2021，11（28）：101–103.

［45］尹纯仙．民俗体育在高校体育教学中的开发与利用 [J]. 新课程教学（电子版），2021（7）：172–173.

［46］田伟．高校体育教学中对学生体育人文精神的培养 [J]. 文存阅刊，2021（1）：140.

［47］焦海霞．终身体育理念下高校体育教学改革探索 [J]. 海风，2021（3）：175–176.

［48］梁建桃．终身体育视域下高校体育教学改革对策研究 [J]. 当代体育科技，2021，11（20）：99–101.

［49］宋雷，马力．基于终身体育理念的高校体育教学改革探究 [J]. 文渊（高中版），2021（2）：438.

［50］张琳．阳光体育运动背景下高校体育教学模式构建 [J]. 灌篮，2021（3）：109.

［51］汤洋．终身体育理念下民办高校体育教学改革浅析 [J]. 科学咨询，2021（40）：70–71.

［52］陶里．高校体育教学模式和课程体育建设现状研究 [J]. 冰雪体育创新研究，2021（13）：113–114.

［53］田伟．终身体育理念下的高校体育教学改革研究 [J]. 新丝路，2021（7）：124.

［54］雍军．终身体育理念下高校体育教学的改革 [J]. 课程教育研究，2021（10）：145–146.

［55］刘亚渊．体育游戏在高校体育教学中的应用研究 [J]. 文渊（高中版），2021（3）：475+585.

［56］张蓉．体育游戏在高校体育教学中的有效应用分析 [J]. 灌篮，2021（20）：105–106.

［57］唐奕．探讨体育游戏在高校体育教学中的应用 [J]. 长江丛刊，2021（13）：51–52.

［58］常征．终身体育下普通高校体育教学评价体系研究 [J]. 武当，2021

（2）：60.

［59］李赫 . 终身体育视域下高校体育教学改革分析 [J]. 灌篮，2021（6）：95-96.

［60］王云峰 . 高校体育教学中如何培养学生终身体育意识 [J]. 时代人物，2021（19）：288.

［61］甘宏博 . 高校体育教学改革适应阳光体育运动需求的思考 [J]. 青春岁月，2021（11）：145.

［62］张力，王莉 . 高校体育教学中对翻转课堂教学模式的应用 [J]. 拳击与格斗，2021（6）：29.

［63］樊哙 . 关于高校体育教学中职业化教学模式研究 [J]. 山海经·教育前沿，2021（1）：289.

［64］屈利军 . 高校体育教育与拓展训练的结合探究 [J]. 速读（中旬），2018（8）：298.

［65］王凯 . 拓展训练在高校体育教育中的应用分析 [J]. 教育理论与应用，2020（1）：33-36.

［66］金慧侠，许家成 . 高校体育教育中风险管理与防范策略研究 [J]. 休闲，2020（5）：74-75.

［67］王大庆 . “互联网时代”的高校体育教育发展路径探析 [J]. 百科论坛电子杂志，2020（10）：197-198.